궁금할 때 펴보는
기업윤리 Q&A 217

궁금할 때 펴보는
기업윤리 Q&A 217

초판 2쇄 발행 | 2014년 2월 28일

편 저 자 | 전국경제인연합회 사회공헌팀
발 행 인 | 김영희
발 행 처 | (주)에프케이아이미디어 (프리이코노미북스)
기획·마케팅 | 신현숙, 권두리
디 자 인 | 한동귀, 이현주
편집·교열 | 민서영
등록 번호 | 13-860호
주 소 | 150-881 서울특별시 영등포구 여의대로 24 전경련회관 44층
전 화 | (출판콘텐츠팀) 02-3771-0435, (영업팀) 02-3771-0245
홈페이지 | http://www.fkimedia.co.kr
팩 스 | 02-3771-0138
E-mail | minseo25@fkimedia.co.kr
I S B N | 978-89-6374-071-3 03320
정 가 | 10,000원

· 내일을 지키는 책, FKI미디어는 독자 여러분의 원고를 기다립니다. 책으로 엮기 원하는 아이디어가 있으신 분은 hsshin@fkimedia.co.kr로 간략한 개요와 취지를 연락처와 같이 보내주십시오.

이 도서의 국립중앙도서관 출판시도서목록(CIP)은 서지정보유통지원시스템 홈페이지(http://seoji.nl.go.kr)와 국가자료공동목록시스템(http://www.nl.go.kr/kolisnet)에서 이용하실 수 있습니다.(CIP제어번호: CIP2014004282)

작은 선택이 더 좋은 기업을 만든다!

궁금할 때 펴보는 기업윤리 Q&A 217

2가지 갈림길에서
1분만 고민하면
7성급 회사를 만들 수 있다!

프리이코노미북스

발 간 사

기업이 사회에 미치는 영향력이 커지면서, 기업윤리에 대한 사회적 요구 수준도 높아지고 있습니다. 이제 기업윤리는 기업의 평판을 좌우하고 기업경쟁력에 영향을 미치는 핵심 요소가 되었습니다. 특히, 임직원 개개인의 작은 윤리의식이 기업명성에 큰 영향을 미치고 있습니다.

그간 우리 기업들은 기업윤리 전담부서를 설치하고 헌장과 실천지침을 마련하는 한편, 다양한 형태의 임직원 교육 등을 통해 실효성을 높이고자 노력해왔습니다.

전경련도 윤리경영임원협의회와 기업윤리학교 등을 통해 회원사와 공감대를 형성하고, 최신 트렌드와 우수사례를 공유함으로써 경제계의 자율적 기업윤리 실천 의지를 다지고 있습니다.

본회는 이러한 노력의 일환으로 『궁금할 때 펴보는 기업윤리 Q&A 217』을 발간합니다. 기업은 수많은 이해관계자가 관련되어 있는 만큼 사내윤리, 협력사와의 거래, 글로벌 윤리규범, 고객 관계 등에서 일어날 수 있는 다양한 이슈를 생생한 사례 위주로 다루었습니다. 특히 다양한 산업을 망라한 100여개 기업의 Q&A 자료와 세부지침을 기본으로 작성되어, 기업 현안에 직접 적용할 수 있는 실용서로 소용될 것으로 기대합니다. 기업 임직원들이 매순간 직면하지만, 정답이 없는 윤리적 이슈에 대해 가이드라인을 제시하고자 하였습니다.

'명성을 쌓는 데는 20년이 걸리지만, 잃는 데는 5분도 걸리지 않는다'는 워렌 버핏의 충고처럼, 모든 임직원이 항상 윤리적인 선택을 함으로써 기업의 명성을 쌓을 수 있도록 함께 노력해야 할 시점입니다.

이 책이 각사에 특화된 기업윤리 전략을 수립하고, 임직원들이 기업윤리 딜레마를 해결하는 과정에서 실용적인 나침반 역할을 할 수 있기를 기대합니다. 감사합니다.

2014년 2월

전국경제인연합회 부회장 **이 승 철**

목 차

"너희 회사는 어떤 식으로 기획서를 작성하니? 참고 좀 하고 싶은데 보내줄 수 있을까?" 어느 날 걸려온 전화 한 통에 나 대리는 고민에 빠지고 말았다. 대학 때 신세를 많이 진 선배라 모른 척하기 어려웠던 것. 하지만 기획서는 회사의 내부정보와 노하우가 쌓여 있는 건데 그냥 줘도 되는 걸까? 인간적으로야 보내주고 싶은 마음이 굴뚝같지만 회사 입장에서는 안 될 것도 같고, 어떻게 해야 할까?

제 1 장

회사

사내에서 실천하는 기업윤리

1. 근무기강
2. 비윤리적 언행 및 성희롱
3. 선물·금품 수수 및 향응접대
4. 회사자산·정보 보호

1. 근무기강

OX 셀프 진단

	O	X
1. 점심식사 후 나른한 오후 시간, 업무 중 집중력이 떨어져 잠시 인터넷 서핑을 한다.		
2. 평일 야근에서 발생한 잔업수당을 일일이 신청하기 귀찮아서 휴일 특근수당으로 대체해 신청한다.		
3. 입사 선배일지라도 빚보증 요청을 수락해서는 안 된다.		
4. 허위로 경력을 조작해 입사했을 경우 이미 입사했으니 걸리지 않는 한 숨겨도 된다.		
5. 모든 회식은 가급적 1차로 끝내는 것이 좋다.		
6. 회사 생활에 지장을 주지 않는 선에서 주말에 투잡을 하는 것은 괜찮다.		
7. 상사가 인맥 형성에 좋다며 사적인 모임에 가입하라고 권유할 경우 무조건 가입해야 한다.		
8. 외국 기업이 우리 회사에 대규모 투자를 계획하고 있다는 미공개 정보를 미리 입수하여 주식투자를 한다.		

정답 1.X 2.X 3.O 4.X 5.O 6.X 7.X 8.X

Q. 회사 내 기업윤리 관련 규정과 프로세스가 많아 적응하기가 힘들어요. 복잡한 기업윤리, 꼭 준수해야 하는 건가요?

A. 기업윤리는 한마디로 약속이라고 할 수 있어요. 대내외에 올바른 방법으로 경영을 하겠다는 약속을 하고 선언을 한 것이지요. 약속이란 꼭 지키겠다는 다짐일뿐 아니라 실천으로써 증명해야 하는 것이에요. 그래야 신뢰를 얻을 수 있으니까요. 그렇기 때문에 업무에 있어서 회사가 정한 규정과 제도를 정확하게 지켜야 해요. 사소한 것 하나라도 규정과 제도를 지키지 않고 이루어져서는 절대 안 돼요. 그 순간 신뢰는 깨져버리고 마니까요. 규정과 제도를 지키지 않는 것은 바로 윤리규범을 위배하고 기업윤리를 저해하는 것임을 명심하고, 힘들더라도 규정을 익히고 실천하도록 노력해야 해요.

기업사례

임직원이 직접 참여한 윤리 드라마 제작

코오롱은 2011년에 기존의 딱딱한 교육에서 벗어나 교육용 윤리경영 드라마를 제작해 화제가 된 바 있다. 이 드라마에는 그룹 임직원들이 직접 배우로 출연했으며, 당시 공개 오디션은 약 3 대 1의 경쟁률을 보일 정도로 관심이 높았다. 동료들이 직접 출연하는 드라마를 통해 임직원들은 기존 윤리경영을 보다 더 쉽고 재미있게 이해할 수 있었다. 또한 코오롱은 각 계열사 최고경영자(CEO)들을 인터뷰한 동영상을 임직원들에게 보여 윤리경영의 중요성을 강조했다.

Q. **부득이한 개인사정으로 근무시간에 외출을 해야 할 때는 어떻게 해야 하죠?**

A. 사전에 소속 부서장에게 보고하고 승인을 받도록 하세요.

Q. **업무를 하다 보면 집중이 안 되고 나른해지는 시간이 있어요. 그럴 때는 가끔 인터넷 서핑을 하기도 하는데, 업무에 지장을 주지 않는 선에서는 문제가 되지 않겠죠?**

A. 원칙적으로 근무시간 중에 업무와 관련이 없는 일을 하는 것은 삼가야 합니다. 인터넷 쇼핑을 한다거나 주식투자를 하는 행위 모두 마찬가지예요.

Q. **간혹 근무시간에 모바일로 주식을 거래하는데, 그 정도는 괜찮지 않나요?**

A. 이 경우도 마찬가지인데요, 근무시간 중에 주식거래를 하다 보면 주식투자의 속성상 업무에 집중하기 어려워요. 따라서 아주 짧은 시간의 모바일 주식거래라고 해도 회사 입장에서 보면 바람직한 행동이 아니지요. 또한 회사의 전화나 인터넷 그리고 회사에서 지급한 핸드폰 등

을 통해 주식거래를 하는 것이라면, 회사의 자산을 개인의 이익을 위해 사용한 것이므로 근무준칙을 위반한 행동이에요. 또한, 신문지상에 간혹 나오듯 주식투자나 경마 등 투기적 행위를 하다가 실패하여 회사의 공금을 유용하는 사례가 생길 수 있으므로 회사의 자금을 담당하거나 수금을 담당하고 있는 부서의 임직원에게 주식거래 등은 더더욱 바람직하지 않아요.

Q. **상부에서 금년도 예산결산과 관련하여 매출액을 맞추기 위해 허위문서를 작성하라고 지시하셨는데, 이를 따르는 게 맞을까요?**

A. 문서는 허위로 조작해도 안 될뿐더러 아무리 상급자라고 해도 부당한 지시에 따라서는 안 돼요. 상급자가 부당한 지시를 할 때는 우선 그 지시가 적절하지 못하다는 것을 이야기하고, 이것이 받아들여지지 않을 때는 회사 내 기업윤리 담당 팀과 상의하세요. 비록 상급자의 강압에 어쩔 수 없이 잘못된 지시를 따랐다 해도 본인 역시 비윤리 행위로 징계를 받을 수 있습니다.

잔업 및 특근

Q. **평일 야근에서 발생한 잔업수당을 일일이 신청하지 않고, 휴일 특근수당으로 대체해 신청해도 되나요?**

A. 같은 금액이라도 자의적으로 해석하고 판단하여 청구해서는 안 돼요. 규정된 업무시간 외 잔업 및 특근에 대한 기준은 실제로 근무한 날짜, 시간에 한하여 지급하도록 정해져 있기 때문이지요. 본인이 받아야 할 수당을 임의로 산정해서 허위로 청구하지 마세요.

Q. 야근을 할 때 직원들끼리 맥주를 마시며 고스톱을 칠 때가 있어요. 그래도 되나요?

A. 동료들과 상의해서 자발적으로 그만두는 것이 좋겠어요. 아무리 적은 금액이라도 도박은 회사의 풍기나 질서를 문란하게 만들 소지가 있으므로 금하는 것이 좋습니다. 또한 아무리 근무 외 시간이라도 사내에서 음주는 금해야 하고요.

사내 금전거래

Q. 부서 내 선배로부터 빚보증을 서 달라는 요청을 받았어요. 입사 선배이고 사정이 어려워서 거절하기도 곤란한 상황인데요, 이런 경우에는 어떻게 행동하는 것이 옳은가요?

A. 임직원 상호 간의 금전거래 행위(돈을 빌리거나 빌려주는 행위, 대출보증, 공동투자 등)는 조직의 분위기를 와해시킬 수 있기 때문에 이러한 행동은 자제해 주세요. 이외에도 상사나 동

료가 금전차용이나 대출보증 등을 부탁할 경우 모두 채무불이행 등의 문제가 생길 시 인간관계를 악화시켜 근무 분위기를 해치거나 회사 직무수행에 지장을 초래할 수 있으니, 임직원 간의 금전거래는 일체 하지 말아야 해요.

허위 입사

Q. **입사 지원 요건인 근무 경력 5년에 딱 2개월이 부족해 2개월만 임의로 늘리고 과장 직급의 경력증명서를 만들어 제출했어요. 아예 허위도 아니고 2개월 후면 과장이 되었을 건데 이런 것도 문제의 소지가 될 수 있나요?**

A. 이력서는 정직하게 써야 해요. 채용 시 학력이나 경력을 위조하면 최고 해고에 해당하는 징계까지 받을 수 있어요. 이력서에는 대학교의 분교나 야간 여부까지도 정확하게 써야 하지요. 숨기거나 위조하는 행위를 해서는 안 돼요. 만약 입사 후에 허위 기재 사실이 마음에 걸린다면 인사팀에 솔직하게 상의를 하고 처분을 받는 것이 향후를 위해서도 좋을 듯해요. 용기가 필요한 일이지만 계속해서 불안한 마음으로 회사를 다니는 것보다는 나을 것으로 보이네요.

Q. '직무수행에 차질을 주지 않을 정도의 음주' 기준은 무엇인가요?

A. 다음 날 업무에 지장을 주지 않을 정도의 음주란 다음의 기준을 만족해야 해요.

- 모든 공·사적 회식과 모임은 가급적 1차로 끝낸다.
- 단란주점, 룸살롱 등 과도한 비용이 지출되는 장소에서의 음주는 삼간다.
- 폭탄주 문화를 근절한다.
- 개인적인 주량 차이를 무시하고 과도하게 술을 권하는 행동을 하지 않는다.

건전한 음주문화 조성은 직장인의 기본 자세라고 생각하고 지키도록 노력하세요.

기업사례

'만취 송년회' 그만! 송년회는 변화 중

전국경제인연합회가 윤리경영임원협의회 기업들을 대상으로 설문조사한 결과, 10개 기업 중 6개 기업은 건전한 송년회 문화를 조성하기 위해 사내 캠페인을 실시 중인 것으로 나타났다. 캠페인을 실시하지 않는다고 답한 기업들 중 상당수는 이미 사내에 건전한 회식 문화가 정착되었기 때문이라고 설명하였다.

2013 송년회 핫트렌드

절주 송년회	"예전에는 송년회만 했다하면 속된 말로 '코가 삐뚤어지도록' 3차, 4차까지 밤새마셨는데, 요새는 간단히 '119 회식'을 하니 와이프나 애들한테도 덜 미안하고 다음날 피곤하지 않아서 술자리에 대한 부담이 줄었습니다."

봉사활동 송년회	"혼자 봉사활동을 하기란 쉽지 않은데, 연말에 송년회 대신 팀 동료들과 다 함께 좋은 일을 하니, 마음이 훨씬 훈훈하고 팀워크 형성에도 도움이 됩니다."
문화공연 송년회	"술을 잘 못 마시니까 송년회 자체가 고역이었는데, 이번 송년회 땐 평소에 보러가기 힘든 뮤지컬도 보고 가볍게 맥주 한 잔 할 것 같아서 기대가 되네요."
가족 송년회	"연말에 술자리가 많다보니, 막상 가족들은 얼굴 보기도 힘들고 연말을 함께 보내기도 어려웠는데 회사에서 가족과 시간을 보내라하니 좋습니다."

근무시간 외 대외활동

Q. 가족이 사업을 운영하는데, 퇴근 후나 주말, 휴일 등에는 도와줘도 되지요?

A. 근무시간 외라고 해도 정상적인 회사 생활에 지장을 준다면 해서는 안 돼요.

Q. 회사 생활에 지장을 주지 않는 선에서 주말에 투잡을 하는 것은 괜찮은가요?

A. 이중취업과 겸업은 원칙적으로 금지되어 있어요. 회사의 허가 없이 다른 회사, 단체 등의 임원 또는 종업원이 되거나 영리사업(다단계 사업, 보험 등)에 종사해서는 안 된다는 것이지요. 특히 자신의 직무와 관련하여 취득한 정보를 사용하는 부업이나 겸업에 종사해서는 안 돼요. 자신이 수행하는 업무와 연장선상에 있는 겸업을 한다면 회사에 피해가 갈 수도 있기 때문이에요.

Q. 지방선거 시의원에 출마하려는데, 당선될 경우 겸직으로 인해 발생될 수 있는 윤리적 문제가 있나요?

A. 당선 후의 신분 문제는 인사과와 협의해서 처리해야 해요. 의원의 의정활동이 본인의 직무를 성실히 수행하기 힘들다고 판단되거나, 설사 그렇지 않더라도 회사와의 다양한 이해관계 상충이 발생할 수 있을 것으로 판단되며 사실상 겸직은 힘들 것으로 보이네요.

TIP 재직 중 선거 출마 가능한가?

회사는 공무 등과 관련된 행위에 대해 법에 보장된 권리를 존중하므로 누구나 자신의 소신을 실현하기 위해 출마를 할 권리를 보장받을 수 있다. 즉 휴직을 하는 등 업무에 지장을 주지 않는 범위 내에서의 정치활동은 얼마든지 가능하다. 하지만 이러한 행위가 불법을 조장하거나 근로에 심각한 폐해가 있을 것으로 예견되면 회사 차원에서 적절한 주의와 제재를 가할 수도 있다.

Q. 상사가 특정 연고나 인맥을 형성하기 위한 모임에 가입하라고 권유하는데, 어떻게 해야 하죠?

A. 학연, 지연 등으로 구성된 비공식 모임은 조직 내에 파벌을 조장하고, 다른 임직원들에게 위화감을 주는 등 건전한 조직문화를 해칠 수 있어요. 그러므로 가입하지 않는 것이 바람직합니다. 가입 권유를 받았다면 기업윤리 담당 팀에 알리세요. 다만 회사가 공식적으로 인정한 동호회나 봉사활동 등의 단체에 가입하는 것은 전혀 문제가 안 돼요.

Q. **퇴사한 선후배나 거래업체 지인 등 재직자가 아닌 사람들과는 모임을 가져도 되나요?**

A. 물론이지요. 임직원 간, YB와 OB 간의 친목도모는 얼마든지 장려할 만한 사항이에요. 또한 정식으로 만들어진 OB 모임이라면 회사가 모임 비용 일부를 지원하는 것도 허용하고 있어요. 그러나 정규 OB 모임에 YB가 정식회원으로 참가하는 행위, 임직원 간 또는 임직원과 거래업체 간에 회비를 걷는 정기모임을 갖는 것은 부작용의 폐단 때문에 금지하고 있어요. 실제로 금전부담 등 폐해 사례도 종종 발생하고 있으니 각별히 주의하세요.

내부자 거래

Q. **우리 회사 주식을 보유하는 것도 문제가 되나요?**

A. 정당한 방법으로 주식을 매매하는 것이라면 문제가 되지 않아요. 다만, 2009년 2월 4일부터 시행된 「자본시장과 금융 투자업에 관한 법률」은 회사 내부자의 불공정 주식매매를 금지하고 있으며, 내부자의 단기매매차익(취득 후 6개월 내 매도 혹은 매도 후 6개월 내 매수에 따른 차익)은 회사에 반환하도록 되어 있다는 것을 명심하세요.

Q. **직무와 관련하여 얻게 된 미공개 정보를 이용해서 주식 투자를 해도 괜찮나요?**

A. 「자본시장과 금융 투자업에 대한 법률」을 보면 "업무 등과 관련된 미공개 중요 정보를 특정 증권의 매매, 그 밖의 거래에 이용하거나 타인에게 이용하게 하여서는 아니된다"라고 명시되어 있어요. 이를 위반하면 10년 이하의 징역 또는 5억 원 이하의 벌금을 부과 받을 수 있으니 절대로 하지 마세요. 또한 본인이 거래하지 않더라도 타인에게 그러한 정보를 제공해서 거래를 돕는 행위도 금지하고 있으니 주의하세요.

2. 비윤리적 언행 및 성희롱

OX 셀프 진단

	O	X
1. 상사가 인격 모독적인 언행을 하더라도 참아야 한다.		
2. 상사가 학력을 이유로 차별 대우를 하는 것은 개인 인성의 문제이지, 비윤리적 행위는 아니다.		
3. 업무 시간에 인터넷 음란사이트를 보는 것은 성희롱이다.		
4. 조직의 리더는 부서 내에서 성희롱이 발생하지 않도록 예방 교육에 힘써야 한다.		
5. 신입 여직원에게 회식 자리에서 남자 팀장 옆자리에 앉을 것을 권유한 것은 성희롱이라 할 수 없다.		
6. 성희롱을 한 당사자가 발뺌을 할 경우 기업윤리 담당 팀에 제보해야 한다.		

정답 1.X 2.X 3.O 4.O 5.X 6.O

비윤리적 언행

Q. **상사가 견딜 수 없을 정도로 빈번하게 인격 모독적인 발언을 해서 힘들어요. 상사의 비윤리적 언행을 회사 차원에서 해결할 수 있는 방법은 없을까요?**

A. 가장 좋은 방법은 당사자 간에 대화로 해결하는 것이에요. 그래도 달라지지 않을 경우에는 기업윤리 담당 팀에 상담하여 도움을 받으세요. 구성원들은 상호 간에 동료로서 서로 존중하고 품위를 유지해야 해요. 특히 구성원의 인권이나 사생활을 침해하는 행위, 학력·성별·지역 등을 이유로 행해지는 차별 대우는 엄격히 금지하고 있다는 것을 알아두세요.

부당한 차별

Q. **10년 넘게 한 회사에서 일했는데, 새로 온 부서장이 학력 차별을 하고, 자신과 성향이 맞는 사람에게만 좋은 인사 평가를 하는 것 같아서 일할 의욕이 떨어져요. 해결 방법이 있을까요?**

A. 회사 내에서는 성별, 학력, 출신 지역, 혈연에 의한 파벌조성이나 차별 대우를 엄격하게 금지하고 있어요. 우선은 어렵겠지만 부서장과 직접 면담을 해보세요. 본인이 차별 대우를 받고 있다고 생각하는 시점을 말하고, 부서장의

입장도 들어본 후 함께 노력하는 것이 중요해요. 만약 그러한 노력에도 불구하고 불이익이 계속된다면 정황 증거를 확보해서 기업윤리 담당 팀과 상의하도록 하세요.

TIP 차별 방지를 위한 말! 말! 말!

차별은 또 다른 차별을 부르고 임직원의 사기를 저하시킨다. 일과 업적에 따라 직원을 평가하지 않고, 학벌, 재력, 나이 등으로 평가하는 것은 일에 대한 의욕을 저하시키는 행동이므로 아래 해당되는 사항은 삼가해야 한다.

1. 특정 지역을 비하하는 발언
2. "여자니까 ~해야 해.", "남자가 그것도 못해?"와 같은 남녀 차별적인 언행
3. "우리 때는 안 그랬는데……", "요즘 애들은……"이라며 세대를 비교하는 언행
4. 학력이나 출신학교를 비교하는 언행
5. "그것도 몰라?"라는 무시 발언
6. 얼굴이나 몸매를 비교하는 차별 발언

성희롱의 기준

Q. 성희롱에 해당되는 행위에는 어떤 것이 있나요?

A. 성희롱으로 인정되는 행위는 아래와 같아요.

- 음란한 농담을 하거나 음탕하고 상스러운 이야기를 직·간접적으로 하는 행위
- 용모나 옷에 대하여 지나치게 관심을 표하면서 성적인 평가나 비유를 하는 행위
- 인터넷 음란사이트를 보거나 음란한 사진, 그림, 낙서 등을 게시, 전파하는 행위

· 입맞춤이나 포옹, 뒤에서 껴안는 행위, 안마나 애무를 강요하는 행위
· 회식, 야유회 등에서 술을 강제로 권하거나 술시중을 들게 하는 행위
· 불필요한 신체 접촉을 하는 행위

본인이 이와 같은 일을 당했다면 혼자서 고민하지 말고 기업윤리 담당 팀에 꼭 신고하세요.

Q. **남자 직원들끼리 제 외모에 대해 성적인 농담을 주고받았다는 이야기를 전해 들었어요. 이러한 경우도 성희롱에 해당되나요?**

A. 당연히 성희롱에 해당돼요. 이 사례처럼 해당 여직원이 간접적으로 전해 들었다고 해도 직접 들었을 때와 똑같은 정신적 스트레스와 성적인 불쾌감을 느꼈다고 볼 수 있기 때문이에요. 성희롱은 가해자의 의도, 성희롱 방법(언어, 행동 등), 직간접 여부, 이성 간 또는 동성 간 성희롱인지의 여부와 상관없이 피해를 입은 당사자 본인이 성적인 불쾌감을 느꼈는지가 성립의 중요한 요건이에요.

Q. **차 심부름을 여성에게만 강요하거나 여직원에게 '아줌마'라고 부르는 것도 성희롱에 해당되나요?**

A. 업무와 상관없이 가사일 등 전통적으로 여성의 역할이라고 인식되는 일을 회사에서 강요하거나 여성을 비하하는 말과 행동은 분명히 근로의욕을 떨어뜨리고 원활한 업무수행을 방해해요. 하지만, 이러한 행위 자체를 「남녀고용평등과 일·가정 양립 지원에 관한 법률」에서는 직장 내 성희롱으로 보지는 않고 있어요. 하지만 상대방의 인격과 존엄성에 손상을 주는 말과 행동은 꼭 삼가야 해요.

예방 및 대처법

Q. **성희롱 예방을 위해 조직의 리더는 어떻게 해야 하나요?**

A. 성희롱 예방을 위해 리더는 다음과 같은 자세를 갖추어야 해요.

- 성희롱이 부서 내에서 발생하지 않도록 예방 교육에 힘쓸 것
- 술 위주의 회식 문화를 건전하게 바꾸어 성희롱이 일어날 수 있는 환경을 미연에 방지할 것
- 성희롱이 발생되었을 때는 신속히 처리하여 피해자가 제2의 피해를 입지 않도록 조치를 취할 것
- 사무실 내에서 혹은 회식 자리에서 누군가가 성희롱에 해당하는 행위를 하였다면 즉시 이에 대한 적절한 주의를 줄 것
- 무엇보다 관리자는 부하 직원들에게 모범이 되어야 할 것

Q. 회식 자리에서 상급자에게 성희롱을 당했어요. 다음 날 사과를 요구했지만 기억이 나지 않는다며 발뺌을 했고, 근무 조건상의 불이익까지 주더군요. 이럴 때는 어떻게 해야 하나요?

A. 윤리규범의 위반에 앞서 사회적으로 지탄을 받아야 할 행위네요. 성희롱은 개인의 인권 침해일 뿐만 아니라, 원활한 업무수행을 저해하고, 근무환경을 악화시키는 심각한 범죄 행위예요. 성희롱을 당한 당사자는 즉각 가해자에게 당당하게 시정조치와 사과를 요구하세요. 이를 거부하거나 시정하지 않는다면 소속부서의 리더나 기업윤리 담당 팀 또는 성희롱 고충처리센터로 제보하세요. 만약 가해자가 소속부서의 리더라면 차상위 리더에게 보고하면 돼요. 이후 회사는 사실조사를 통해 관련 사규 및 윤리규범에 따라 처리하게 됩니다.

TIP 성희롱을 당했을 시 대처법

첫째, 명확한 거부 의사를 직접적으로 표시한다.
조사에 따르면 대부분의 가해자는 피해 상대방이 불쾌하게 생각할 줄 몰랐다는 대답을 했다고 한다. 그렇기 때문에 사건이 발생했을 때 곧바로 확실하고 단호하게 거부의사를 표시하는 것이 중요하다.
둘째, 중단을 요구하는 메일을 쓴다.
육하원칙에 따라 자신의 의견을 분명하게 전달한다.
셋째, 상급자나 기업윤리 담당 팀에 신고한다.
또한 이러한 경우를 목격한 제3자는 피해 당사자가 굴욕감이나 수치심 또는 어떠한 조치를 취해야 하는지 알지 못해 어려움을 겪고 있다면, 기업윤리 담당 팀이나 성희롱 고충처리센터로 제보한다. 회사는 개인의 인격이 존중되고 상호 신뢰하며 함께 일하는 장소이므로 동료 및 상하 간에 직장생활에 필요한 기본 예의와 품위를 지키도록 노력해야 한다.

3. 선물·금품 수수 및 향응접대

OX 셀프 진단

	O	X
1. 임직원은 외부 관계자가 아니므로 이해관계자에 포함되지 않는다.		
2. 원칙적으로 임직원은 직무와 관련하여 서로 금품을 주고받을 수 없다.		
3. 어려운 프로젝트를 도와준 동료에게 회사 법인카드로 맛있는 점심을 사준다.		
4. 명절 선물로 상사에게 10만 원 상당의 한우 갈비세트를 선물한다.		
5. 상급자의 승진 시 금전적인 선물보다는 축하 메시지 등 마음의 선물을 전하는 것이 좋다.		
6. 해외출장 시 상사나 동료들에게 줄 선물을 사오는 것은 자칫 비윤리 행위에 해당될 소지가 있으므로 하지 않는 것이 좋다.		

정답 1.X 2.O 3.X 4.X 5.O 6.O

이해관계자의 정의

Q.

'이해관계자'가 뭐죠?

A.

이해관계자는 외부 이해관계자와 내부 이해관계자로 구별돼요. 외부 이해관계자는 우리 회사에 제품과 서비스를 제공하거나 우리 회사가 생산하는 제품과 서비스를 구매하는 회사 또는 개인과 업무상 관계가 있는 정부의 기구 및 단체가 이에 해당되지요. 내부 이해관계자는 동료, 선후배, 상사와 부하 등 직장동료를 말해요

뇌물과 선물 구별법

Q.

'뇌물'과 '선물'이 헷갈려요. 어떤 차이가 있나요?

A.

'뇌물'과 '선물'의 가장 큰 차이점은 제공되는 물품(또는 유가증권, 숙박권, 회원권, 입장권 그 밖에 이에 준하는 것)에 대한 '대가가 있느냐 없느냐'예요. 지금 당장 노골적인 대가를 바라지 않더라도, 암묵적인 대가가 뒤따르거나 받은 물건으로 인해 추후 그 사람의 부탁을 거절하기 어려워진다면 '선물'이 아닌 '뇌물'이니까 받지 마세요.

■ 뇌물일까, 선물일까? 10:10 자가진단법

구분	No.	분류	문항	V
준 사람	1	동기	상대방의 고마움보다 나의 이익을 위해 선물하는 것이다.	
	2	가격	경제적으로 다소 부담이 되는 것이 사실이다.	
	3	마련	상대방에게 선물하기 위해 내게 없는 것을 일부러 마련했다.	
	4	대가	이 선물을 하면 언젠가 그 대가로 무엇인가 내게 돌아올 것이다.	
	5	목적	내가 이 선물을 주는 이유는 상대방이 내게 도움이 되기 때문이다.	
	6	마음	줄 필요가 있어서 주긴 주지만 왠지 아까운 생각이 든다.	
	7	공개	내가 주었다는 것이 남들에게 알려지면 곤란하다.	
	8	선후	이 선물을 주고 나서 상대방에게 도움을 받을 일이 있다.	
	9	인사	내가 주었다는 것을 확실히 알도록 눈도장을 찍어야 한다.	
	10	상호	내가 상대방에게 일방적으로 주는 것이다.	
받은 사람	1	수면	이 선물을 받고 별 걱정 없이 잠을 잘 잤다.	
	2	언론	이걸 받은 사실이 남들에게 알려지는 것은 싫다.	
	3	기분	선물을 받고 나서 기분이 좋기보다는 왠지 찜찜하다.	
	4	직위	내가 현재의 직장, 현재의 직위에 없었다면 주지 않았을 것이다.	
	5	가격	가격이 얼마나 하는지, 다른 선물보다 비싼 건지 따져봤다.	
	6	마음	선물을 받고 송구스럽다기보다는 우쭐해지는 기분을 느꼈다.	
	7	습관	한 번으로 끝나지 말고 다음에 또 받고 싶다는 생각이 든다.	
	8	공감	상대방과 나는 이런 선물을 주고받을 만한 사이는 아니다.	
	9	기억	상대방에게 받은 이 선물이 오래 기억에 남을 것 같지는 않다.	
	10	상호	내가 상대방에게 일방적으로 받은 것이다.	

구분	부합하는 항목	당신이 받은(준) 선물	비고
1차 진단 결과	0개~3개	선물이군요	선물은 마음이 중요하죠.
	4개~6개	무엇일까요	다시 한 번 엄격하게 진단해 주세요.
	7개~10개	뇌물입니다	반성하세요. 정중히 돌려주세요.
2차 진단 결과	4개 이하	선물이군요	선물은 마음이 중요하죠.
	5개 이상	뇌물입니다	반성하세요. 정중히 돌려주세요.

*1차 진단 결과 부합하는 항목이 4개~6개일 경우, 다시 한 번 진단해 보세요

Q. 임직원 간에 금품, 향응접대, 편의는 어디까지 허용되나요?

A. 우선 금품, 향응접대, 편의의 정의부터 알아볼까요?

① 금품 : 현금, 유가증권, 물품 및 기타 경제적인 이익
② 향응접대 : 식사, 음주, 스포츠(골프 등), 공연 및 오락 등을 제공 받는 것
③ 편의 : 교통, 숙박, 관광 안내 및 행사 지원 등 금품이나 향응접대 이외의 지원

원칙적으로 임직원은 직무와 관련하여 서로 금품을 주고받을 수 없어요. 임직원 간에 직무와 관련하여 사사로이 인사를 하는 것도 향응에 포함되고, 더구나 관련 경비를 법인카드로 지출한다면 더욱 심각한 문제가 되지요. 다만, 회사 상조회 등에서 공개적으로 제공되는 금품 등과 대표이사, 본부(실)장, 팀장 및 현장소장이 하급자에게 위로·격려·포상 등 사기 앙양을 목적으로 제공하는 금품 등 '사회 통념상 적당한 수준'을 충족하는 것에 한해서는 허용이 돼요.

TIP '사회 통념상 적당한 수준'이란?

회사마다 구체적 기준이 다를 수 있지만, 다른 임직원 또는 제삼자가 건전한 상식으로 볼 때 이해될 수 있는 수준을 말한다. 또한 주는 사람이나 이를 받는 사람 모두 금전적으로나 심리적으로 부담을 느끼지 않아 본인의 업무를 신의성실의 원칙에 따라 공정하게 처리할 수 있는 범위로 정의할 수 있다. 이에 해당되는 경우는 다음과 같다.

- 일반인에게 공개되었을 때 정당성이 입증될 것
- 수혜자가 부담을 느끼지 않고 공정한 입장에서 직무를 처리할 수 있는 범위
- 상호성, 즉 대등관계일 것
- 상대방이 특별히 거부감을 갖지 않을 것
- 빈번하거나 주기적, 습관적이지 않을 것
- 직무상 중요한 시기, 목적과 연계되지 않을 것
- 호화, 사치스러운 것이 아닐 것
- 사회적인 미풍양속이나 관습에 저촉되지 않을 것
- 불특정 다수에게 배포하는 5만 원 이내의 기념품, 행사 관련 홍보물 및 정당한 사유로 상급자의 승인을 받은 간소한 상품, 소액 관람권, 입장권 등
- 공식적인 행사나 일반 대중에게 개방된 장소에서의 식사, 음주, 운동, 오락 등
- 공식적인 행사로 타사의 임직원용 교통, 숙박시설 등의 이용
- 질병, 재난 등으로 어려운 처지에 놓인 임직원을 돕기 위해 공개적으로 제공되는 금품
- 공조회 등에서 공개적으로 제공되는 금품
- 식사는 인당 3만 원 이내를 권장하고, 특별한 경우에라도 인당 5만 원을 초과하지 않을 것
- 경조금은 인당 5만 원 이내를 권장하고, 특별한 경우에라도 인당 10만 원을 초과하지 않을 것
- 승진이나 취임 등의 사유로 공개적으로 주고받는 일반적인 화환이나 화분
- 상사가 부하 직원에게 위로, 격려, 포상 등 사기 앙양을 목적으로 제공하는 금품

Q. **명절 선물로 상사에게 한우 갈비세트(5~10만 원 상당)를 선물하려고 하는데, 괜찮을까요?**

A. 상사의 수고로움에 대해 팀원으로서 고마움을 표하려는 마음은 정말 아름다워요. 하지만 요즘 기업윤리 문화는 임직원 간에 선물을 포함하여 금품을 주고받는 행위 자체를 금액을 불문하고 모두 금지하고 있어요. 자발적이고 순수한 마음으로 선물한다고 해도 불필요한 오해를 살 수 있고, 공정한 인사고과와 인사이동 등에 영향을 줄 수도 있기 때문이지요. 물질적인 선물을 하기보다 이메일이나 전화로 감사의 마음을 전하는 건 어떨까요? 투명한 기업문화를 만들기 위해 '안 주고 안 받는 문화'를 만들어 보세요.

Q. **상급자가 승진하여 부서원들이 자발적으로 돈을 모아 선물을 마련했는데, 이런 것도 기업윤리에 위배되나요?**

A. 승진이나 취임 등의 사유로 공개적으로 주고받는 일반적인 화환이나 화분 등 서로 간에 정을 확인하고 친목을 도모하는 수준에서 여러 사람이 함께 하는 소박한 선물은 대부분의 사람들이 사회통념상 괜찮다고 생각할 거예요. 하지만 '소박한'의 기준이 애매할 뿐더러 부서원들 간에 돈을 걷는 것도 누군가에게는 부담으로 다가올 수도 있어

요. 선물보다는 다함께 점심을 하는 자리를 가지며 축하 메시지를 주고받는 게 어떨까요.

Q. **팀장으로서 팀원들의 사기 진작을 위해 매주 한 번 점심을 사고 있는데요, 이것도 문제가 되나요?**

A. 부서원들의 사기 진작을 위해 한 주에 한 번 정도 점심을 사는 것은 과도하지만 않다면 괜찮아요. 다만 식사비는 인당 3만 원 이내여야 하며, 특별한 경우에라도 인당 5만 원을 초과하지 않아야 해요.

Q. **해외 출장 시 선물을 사와야 할지 고민이에요. 혹시 기업 윤리에 위배되는 건 아닌가요?**

A. 소중한 회사의 비용을 들여 업무상 해외 출장을 다녀왔는데, 선물까지 사오려면 출장비의 일부를 사용하거나 개인적인 경비를 사용하게 되는 등 불합리한 경우가 생길 수 있지요. 자신이 의도해서 선물을 사와 상급자에게 준다면 이는 명백한 비윤리 행위에 해당하며, 관행상 부득이하게 사와서 나눠줬더라도 자칫 비윤리 행위에 해당될 소지가 있으므로 하지 않는 것이 좋아요. 따라서 처음에는 상급자와 동료를 모른 척하기가 다소 어렵겠지만 선물을 사오지 않는 것을 팀내 분위기로 만들어가 보세요.

4. 회사자산·정보 보호

OX 셀프 진단

	O	X
1. 회사자산이란 회사에서 사용하고 있는 모든 것을 말한다.		
2. 공금을 개인 계좌로 받은 경우 언제든 회사 계좌로 이체하면 문제되지 않는다.		
3. 친구들에게 회사 전화로 안부를 전하고, 회사 PC로 동창 소식지를 만들어 보낸다.		
4. 행사 후 남은 경품을 지인들에게 선물로 나눠 준다.		
5. 사업상 꼭 필요한 경우가 아니더라도 투명성의 원칙에 의해 기업의 모든 정보는 협력사에 제공해야 한다.		
6. 회사의 사전승인 없이 회사자료를 개인 메일로 발송해 집에서 보고서를 작성하는 것은 기업윤리에 위배될 수 있다.		
7. 고향친구가 자신의 영업활동에 이용하겠다며 회사의 고객 및 협력사 직원의 정보를 달라고 요청할 경우 거절하는 것이 옳다.		
8. 퇴직 후 동종업체에 재취업을 하는 것은 정보유출의 문제가 있어 기업윤리에 위배될 수 있다.		
9. 회사의 경영정보나 자료를 폐기하고자 할 때는 자의적 판단이 아닌 회사의 내규를 따라야 한다.		

정답 1.O 2.X 3.X 4.X 5.X 6.O 7.O 8.O 9.O

회사자산의 정의

Q. **회사자산이란 구체적으로 무엇을 말하는 거죠?**

A. 회사에서 사용하고 있는 모든 것을 말해요. 여기에는 정보, 금전, 일반비품, 회계상 자산으로 등재되어 있는 재고자산과 토지, 건물 등 유형자산이 포함돼요.

회사자산 사용 시 주의사항

Q. **회사자산 보호를 위해 지켜야 할 구체적인 사안은 무엇인가요?**

A. 첫째, 회사자산을 회사 업무 외에 사적인 목적으로 사용해서는 안 돼요. 둘째, 임직원은 회사자산을 분실, 오용 및 도난 등의 위험으로부터 안전하게 보호하는 데 최선을 다해야 하고, 셋째, 회사의 비용은 공금이므로 건전한 기업활동을 영위하는 데 사용해야 해요.

조금 더 자세히 말하자면, 회사가 보유한 부동산과 각종 기기 등을 무단으로 사용하거나 외부로 반출하는 것은 윤리규정 위반이에요. 법인카드와 각종 소모품 등을 개인 용도로 사용해서도 안 되고요. 회사의 공금을 인출해서 무단으로 활용하는 것도 위법이니 절대 하지 말아야 합니다. 또한, 허위증빙으로 회사 공금을 전용하거나 취득하는 것 역시 기업윤리에 어긋나는 행동이에요.

회사자산 사적사용 금지

Q. **회사의 예산이나 비품 등을 개인 용도로 사용하는 구체적인 예로는 무엇이 있나요?**

A. 직무와 무관한 지인을 만나 골프를 치거나 유흥업소에 간 비용을 회사 법인카드로 계산한 후 회사 비용으로 처리하는 것, 회사의 사무용품을 집으로 가져가 사용하는 것 등을 예로 들 수 있어요. 뿐만 아니라 업무 시간 중에 지나치게 사적인 용도로 인터넷이나 전화를 사용하는 것도 사적인 목적으로 회사의 자산을 사용하는 예에 해당되니 자제하는 것이 좋겠어요.

회사공금 사용

Q. **보험료, 판매대금, 서비스 수수료 등의 공금을 부득이하게 개인 계좌나 현금으로 수령했다면 어떻게 해야 하나요?**

A. 수령 즉시 회사 계좌로 입금하세요. 그리고 다음부터는 회사 계좌로 입금될 수 있도록 고객에게 입금절차 등을 설명하여 같은 일이 재발생하지 않도록 해야 해요.

Q. **아파트 잔금이 필요한데, 고객사 직원이 우선 개인 통장으로 대금을 보내줄 테니 잠깐 사용한 후에 회사 통장으로 입금하라고 하네요. 그래도 되나요?**

A. 어떠한 경우라도 회사의 공금을 무단으로 인출하여 사적으로 사용하거나 다른 용도로 사용해서는 절대 안 돼요. 이러한 행위는 회사의 규정에 의해 처벌받는 것뿐 아니라 형사처분도 가능하니 절대 삼가세요.

Q. **회식 비용이 예산을 초과했어요. 부서장께서 금액이 크지 않으니 각출보다는 허위증빙을 만들어서 회사에 청구하자는데, 어떻게 하지요?**

A. 당연히 그렇게 하면 안 돼요. 비록 부서장과 부서원들의 암묵적 동의가 있었고, 금액이 약소하다 해도 허위증빙을 만드는 행위 자체가 비윤리 행위이기 때문이에요. 회사에서 정한 예산을 초과한 회식 비용은 금액 크기 여부에 관계없이 무조건 각출해서 처리하세요.

Q. **이벤트에 두 명의 도우미를 고용했는데, 네 명으로 품의를 올리고 남는 돈을 팀 비용으로 써도 될까요?**

A. 서류를 조작하여 공금을 마련해서는 절대로 안 돼요. 회사 공금은 효율적으로 사용되어야 하는데, 만약 부족하

다면 관련 절차에 따라 예산 증액을 받아 사용하세요.

Q. 현실적으로 부서 운영비와 접대비로 점심이나 저녁 식사를 할 때가 있어요. 이것도 문제가 되나요?

A. 회사 업무수행을 위해서 필요한 회의, 잔업 등과 관련한 용도로 부서 운영비를 지출한다면 문제가 없지만 접대비의 경우는 업무와 관련하여 협력사 등 외부 인사를 위한 '접대'를 위해서만 지출하여야 하는 것이 원칙이니 꼭 구분해 주세요.

Q. 부서의 단체 시상금은 어떻게 관리를 해야 하죠?

A. 각종 기금 및 단체 시상금은 투명하게 관리되어야 해요. 그러므로 개인 계좌와 혼용하지 말고 별도의 계좌를 만들어 관리해야 하고, 입·출금 내역을 작성하여 보관하세요.

회사비품 및 경품 사용

Q. 흔히 회사에서 인터넷을 하거나 복사 용지를 사적으로 사용하곤 하는데, 어느 정도까지 허용되나요?

A. 원칙적으로 회사의 인적·물적 자원을 사적인 용도로 사용해서는 안 돼요. 근무 시간 중에 업무 수행과 직접적인 관련이 없는 과도한 인터넷 검색, 주식, 채팅, 오락을 하는 행위 역시 기업윤리에 어긋납니다. 또한 회사의 전자 통신망을 이용하여 본인이나 타인의 부업·사업을 홍보하는 행위도 이와 같은 경우에 해당되니 절대 하지 마세요.

Q. **회사 창고에 노후한 PC가 몇 년째 방치되어 있는데, 부품 몇 개를 떼어서 집에 가져가도 될까요?**

A. 회사 자산은 아무리 노후한 것이라 해도, 어차피 버릴 것이라고 해도 정식 절차를 거쳐 폐기처분해야 해요. 회사의 업무용 자산을 정식 절차를 거치지 않고 무단으로 반출하여 자신의 집으로 가져가는 것은 유형자산의 횡령·유용에 해당하므로 절대 해서는 안 되는 행동이에요.

Q. **미국에 있는 친구들에게 회사 전화로 안부를 전하거나 회사 PC로 동창 소식지를 만들어 보내면 안 되나요?**

A. 회사 전산장비를 사적인 목적으로 사용해서는 안 돼요. 특히 근무 시간 중에 회사 업무와 관련이 없는 통화를 장시간하거나 소식지를 만드는 행동은 금물이에요.

Q. **사진 편집을 위해 유료 이미지 편집 프로그램을 다운받아 회사 컴퓨터에 설치했어요. 개인적으로 사용하는 것이니 문제가 되지 않겠지요?**

A. 당연히 문제가 되니 사용하지 말아야 해요. 우선 개인적인 업무를 회사에서 한다는 것 자체가 기업윤리에 어긋나므로, 개인적인 사진 편집은 집에서 하는 것이 옳지 않을까요? 또한 불법 소프트웨어 여부는 사용자의 목적이 아니라 프로그램이 설치된 곳을 기준으로 판정해요. 개인적인 용무라 할지라도 라이선스를 획득하지 않고 회사 컴퓨터에 유료 프로그램을 설치했다면 그것은 불법 소프트웨어일 가능성이 높지요. 따라서 회사 컴퓨터에는 회사에서 권장한 프로그램 이외는 설치하지 말아야 해요. 참고로 인터넷에서 프로그램을 다운 받을 경우에는 약관 등을 확인하여 기업 내에서 무료로 사용할 수 있는지 사전에 확인해야 해요.

Q. **부업으로 외판 사업을 하는 제 아내가 회사 전자게시판에 상품 설명 등을 게시해달라고 하는데, 괜찮을까요?**

A. 회사 전자게시판은 회사의 운영과 업무에 필요한 정보를 공유하기 위해 마련한 도구이지, 개인적인 용도를 위한 공간이 아니에요. 따라서 본인 또는 친인척 및 지인의 사업 홍보를 위해 전자게시판을 사용해서는 안 돼요.

Q. 고객 판촉용 경품이 예상보다 많이 남았는데, 개인적으로 사용해도 될까요?

A. 결론부터 말하자면 안 됩니다. 마케팅 활동을 위한 경품도 회사의 자산이에요. 이러한 회사의 모든 업무용 자산은 사업 활동 또는 회사가 승인한 목적만을 위해 사용되어야 해요. 또한 부외자산, 폐기대상 물품 등 장부상 가치가 소멸된 물품이라 해도 회사의 자산이므로 이유를 불문하고 무단 반출해서는 안 돼요. 물론 개인적인 용도로 사용해서도 안 되고요. 무단 반출은 절도에 해당하므로 반출할 때는 반드시 회사에서 정한 반출 프로세스를 지키도록 하세요.

회사 정보의 활용 및 보호 기준

Q. 회사 프로젝트 진행 과정에서 관련 중요 정보를 취득해야 하는 경우가 있는데요, 정보의 취득과 활용에 있어 윤리적인 방법과 비윤리적인 방법은 어떻게 구별하나요?

A. 정보의 취득과 활용은 '윤리적이냐 그렇지 않느냐'의 구별에 앞서 다양한 법률적 문제를 야기할 가능성이 있어요. 그렇기 때문에 중요한 정보의 취득과 활용에 법률적 문제가 예상된다면 법무 담당 팀으로부터 사전에 충분한 자문을 구한 뒤 업무를 수행하세요. 구체적인 사안에 따라 검토를 해봐야 하지만, 윤리적인 것과 합법적인 것의 예를 제시하니 참고하세요.

• 윤리적/합법적

1. 공개된 출판물, 재판기록, 특허기록
2. 자체 시장조사 보고서
3. 공표된 재무기록, 증권사 보고
4. 전시회, 경쟁사의 안내문, 제품설명서
5. 경쟁사 종업원의 공개 증언
6. 경쟁사 퇴직직원을 합법적으로 면접, 증언 청취

• 비윤리적/비합법적

1. 경쟁사에 잠입하여 정보 수집
2. 세미나 등에서 경쟁사 직원에게 신분을 숨기고 질문
3. 경쟁사 직원이나 납품업자에게 금품 등 제공
4. 경쟁사에 위장 취업
5. 거짓 채용 공고로 경쟁사 직원을 면접하거나 스카우트
6. 경쟁사의 활동을 도청, 불법 관찰
7. 공갈, 협박

Q. **회사 정보의 유출 기준은 무엇인가요? 또 사무실 이외의 장소에서 회사 정보를 이용할 때는 어떻게 해야 하나요?**

A. 회사 정보는 직무 이외의 목적으로 사용할 수 없어요. 회사에서 근무하며 취득한 정보의 소유권은 회사에 있으므로 아무리 사소한 정보라도 외부에 누설하거나 사적으로 이용하면 안 돼요. 이는 부정행위일 뿐 아니라 범법행위로 형사고발의 대상이 될 수 있어요. 만약 회사 이외의 장소에서 직무수행을 위해 불가피하게 서류, PC, 디스켓, 저상매체 능을 반출하는 경우에는 상사의 사전승인을 받

고 반출 및 반입 내역을 철저히 기록하세요.

Q. **영업비밀의 보호와 경영의 투명성 원칙과 기준이 모호할 때가 있는데요. 그 한계를 어떻게 판단하고 처리해야 할까요?**

A. 최근 기업경영의 투명성을 상당히 강조하고 있는 추세인데요, 가끔 업무를 수행하다 보면 이런 애매한 경우가 생길 수 있죠. '회사의 비밀을 보호할 것인가, 아니면 협력사와 보다 친밀한 관계를 맺기 위해 정보를 공개할 것인가' 하는 판단이 어려울 때는 관련 부서에 영업비밀 보호의 필요성 여부를 확인하세요. 사업상 꼭 필요한 경우가 아니라면 공개된 기업정보 이외의 내용을 협력사에 제공할 필요는 없어요. 무엇보다 중요한 건 업무 수행 중에 알게 된 경영정보나 기술정보는 보안에 유의해야 한다는 것입니다. 이러한 정보는 영업상 비밀보호가 필요한 경우가 많기 때문에 특히 유의해서 다루어야 해요.

문서 유출

Q. **회사 자료를 제 메일로 발송한 후, 집에서 보고서 작성을 했어요. 이런 경우도 정보 유출에 해당되나요?**

A. 그렇습니다. 흔히 일어나는 일이지만 자의적으로 아무런 조치 없이 이러한 행동을 해서는 안 돼요. 회사의 업무는 회사에서 처리하는 것이 원칙이에요. 불가피하게 꼭 필요한 경우라면 회사의 사전승인을 받고 발송해야 하며, 회사 정보를 사외에 개인적으로 보관해서는 안 되니 명심하세요.

Q. **보고서 작성 후 관련된 사람들에게 발송했는데, 그중 한 사람이 보고서를 외부로 유출시켰어요. 저에게도 책임이 있는 건가요?**

A. 만약 업무와 관련이 있는 사람에게 업무 참고용으로 송부했다면 책임이 없지만, 업무와 관계없는 사람에게까지 송부하여 외부로 유출된 문제가 발생했다면 그 경우에는 책임이 있어요. 회사의 중요한 정보가 다른 곳으로 유출되어 이것이 상업적인 목적으로 오용된다면 회사에 피해가 발생할 수 있으니, 항상 수신인을 명확히 지정하고 기밀유지 내용을 분명히 명시하세요. 또한 회사의 문서에는 공개/비공개가 구분되어 있으니 이를 정확히 확인하여 배포 여부를 결정하세요.

Q. **제가 작성한 기획서를 친구에게 보냈는데, 그 친구의 부주의로 경쟁업체에 그 기획서가 흘러들어갔어요. 저에게도 책임이 있나요?**

A. 친구가 경쟁업체에 있지 않고, 업무 참고용으로 송부하였다 해도 책임이 있어요. 자신이 철저히 관리하지 않는다면 자료는 언제든지 유출될 수 있다는 것을 명심하세요. 이 경우 고의는 아니지만 과실 혹은 중과실로 징계 대상이 될 수 있어요. 회사의 서류는 가급적 외부에 유출시키지 마세요.

회사 정보 유출

Q. 대학 동기가 회사의 경영 관련 자료 일부를 부탁하여 담당부서 직원에게 자료를 구해 이메일로 보내줬어요. 문제가 될 수 있나요?

A. 당연히 문제가 됩니다. 기업정보의 보호와 관리는 기업윤리에 있어서 매우 중요한 부분이에요. 위의 문제는 특별히 사적인 이익을 추구하려는 의도가 없었다고 하더라도 내부 구성원의 무관심과 부주의로 중요한 기업정보가 유출되는 경우예요. 특히, 공항, 음식점이나 술집 등 외부장소에서 회사의 경영정보나 중요한 내부정보를 아무런 거리낌 없이 언급하는 행위는 절대로 해서는 안 됩니다. 또한 회사의 업무와 관련한 내용은 아무리 사소한 것이라도 외부로 유출해서는 안 되며, 회사의 정보가 담긴 서류를 버릴 때에는 문서 세단기로 파기해야 해요. 개인의 이익 추구가 목적이 아니라도 자신도 모르는 사이에 기업의 중요정보를 사외에 유출시킬 수 있으므로 회사의

정보 자산을 다룸에 있어 각별히 주의하세요.

Q. **퇴직한 전 동료가 회사의 조직 구성 및 인사 정보를 요청하는데, 알려줘도 되나요?**

A. 경쟁사로 회사의 조직 및 인사 정보가 넘어가면 인력 유출 등으로 회사에 손실을 입힐 수 있어요. 때문에 관련 정보를 제공해서는 안 돼요. 같이 일했던 동료의 요청을 거절하기 어렵겠지만 이러한 사정을 잘 설명하면 납득할 것이라 여겨지네요.

Q. **경쟁사 마케팅 부서에 고등학교 동창이 있는데, 우리 회사 특정 사업부의 경영 전략을 알아봐달라고 하네요. 금년도 추진 예정인 사업의 타이틀 정도만 말해 주려고 하는데 안 되나요?**

A. 회사의 업무와 관련한 내용은 아무리 사소한 것이라도 외부로 유출해서는 안 돼요. 특히나 그것이 경영 전략이라면 더더욱 유출해서는 안 되는 중요한 정보이지요. 개인적인 이익을 바라거나 다른 악의적인 목적을 가지지 않았다고 해도 회사정보 유출은 절대로 해서는 안 되는 일이에요. 친구에게 당사의 윤리규정 때문에 정보를 제공할 수 없다고 말해주고, 역지사지의 입장을 잘 설명해주세요. 그러면 친구도 충분히 입장을 수긍하지 않을까요?

Q. **경쟁업체에 근무하는 친구가 찾아와 무작정 특정 공장을 구경시켜 달라는데, 어쩌지요?**

A. 회사 및 공장 내부는 외부인 혹은 경쟁업체에 노출할 수 없는 소중한 노하우의 집합 장소입니다. 일반적인 목적의 견학이라면 회사의 공식적 절차에 따라 방문하면 돼요. 하지만 특정 공장을 콕 집어서 견학을 요청한다면 순수한 관심이라고만 보기는 어렵겠네요. 거절하는 게 쉽지는 않겠지만, 그 공장의 견학은 어렵다고 잘 설명하세요.

Q. **협력사의 제안서를 평가하는 업무를 하고 있는데, 이 제안에 참여하고 있는 지인이 경쟁사의 제안서 정보를 알려달라고 하네요. 말로 간단히 알려주는 것도 안 되나요?**

A. 당연히 기업윤리에 어긋나는 행동이에요. 제안서에 기술된 내용은 그 정보 이용의 당사자를 당사로 제한하고 있고 또한, 해당 회사의 중요한 정보를 담고 있으므로 상호신뢰를 위해 보호해야 할 의무가 있어요. 제안서의 모든 정보는 해당 업체의 승인 없이 다른 회사에 알려주어서는 안 돼요. 특히 경쟁관계에 있는 업체에 제공해 해당 업체에 손해를 끼치는 일은 절대 해서는 안 돼요.

Q. 공공기관이 고객정보 제공을 요청해서 응했는데, 문제가 되나요?

A. 원칙적으로 고객의 거래에 관한 사항은 업무 목적상 필요한 직원 이외에는 어느 누구와도 논의되어서는 안 되는 중요한 정보예요. 고객의 신상 및 거래에 관한 정보는 법으로 허용된 경우를 제외하고는 누구라도 요구할 수 없으며 누구에게도 제공해서는 안 돼요.

TIP 고객정보 제공이 가능한 예외적 경우

「금융실명거래 및 비밀보장에 관한 법률」에 의하면 고객의 서면동의나 요구를 받지 않고는 절대로 이를 제공하거나 누설할 수 없다. 하지만 「금융실명거래 관련법령」에 의하면 아래와 같은 경우 소정의 절차를 밟아서 예외적으로 정보 제공을 허용하고 있다.

- 법원의 제출 명령 또는 법관이 발부한 영장이 있는 경우
- 검사의 수사 목적에 의한 서면 요구 시
- 세무공무원이 소관부서의 장(국세청장, 세무서장 등) 또는 지방자치단체장이 발부한 공문을 제시하는 경우
- 금융감독원장 및 예금보험공사 사장으로부터 국정감사 및 조사에 필요한 자료를 요구받는 경우
- 재정경제부장관, 금융감독위원회, 금융감독원장, 예금보험공사사장이 금융기관에 대한 감독/검사를 위하여 필요로 하는 경우
- 동일한 금융기관 내부 또는 금융기관 상호간에 필요한 거래정보 등을 요구받는 경우
- 기타 법률에 의하여 의무적으로 공개해야 하는 경우

Q. 고향 친구가 핸드폰 대리점을 개점했는데, 영업활동을 위해 우리 회사의 고객 및 협력사 직원 정보를 달라고 부탁하네요. 줘도 되나요?

A. 직무나 직위를 이용하여 업무상 인지한 고객정보, 인사정보를 사외로 유출하는 행동은 금지되어 있어요. 개인의 신상과 관련된 정보의 유출은 법으로도 금지되어 있으므로 확실하게 거절하세요.

동종업체 재취업 및 근무 시간 외 동종업무 종사

Q. 퇴직 후 동종업체에 재취업하는 것도 기업윤리에 어긋나나요?

A. 회사는 「부정경쟁방지 및 영업비밀보호에 관한 법률(10조 1항)」에 의거하여 근로자가 이전 회사의 영업비밀과 관련된 업무에 종사하는 것을 금지토록 법적 조취를 취할 수 있어요. 또한 회사는 근로자가 퇴직할 때 영업비밀 유지 서약서 작성을 요구하므로 서약서에 명시된 기간 동안 경쟁업체 취업이나 경쟁업종 창업이 제한되니 알아두세요.

Q. 제품 디자이너인데, 친구가 아르바이트 형식으로 디자인을 몇 개 해달라고 하네요. 근무시간 이후 개인적으로 한다면 괜찮겠지요?

A. 회사 업무와 비슷한 일을 타 회사에서 수행해서는 안 돼요. 경쟁업체가 아닐지라도, 근무 외 시간에 하는 것일지라도 기업윤리는 이를 엄격히 금하고 있어요. 특히 디자인이란, 순전한 개인적 창작물이라고 볼 수 없어요. 혼자서 일한다고 해도 그 안에 회사 직무를 이용하여 획득한 지식이나 정보가 자신도 모르게 들어갈 수 있기 때문이지요. 이러한 지식이나 정보가 개인의 영리 목적으로 사용되거나 이를 통해 타인의 업무에 참여하는 행위는 엄격히 금지되어 있으니 주의하세요.

정보 폐기

Q. **오래된 문서 등을 임의로 폐기하고자 하는데 문제가 되나요?**

A. 팀장의 사전승인을 받은 후 진행하세요. 회사의 경영정보나 자료를 폐기하고자 할 때는 자의적으로 판단하지 말고 회사에서 정해둔 소정의 프로세스를 따라야 해요. 특히 의사결정과 관련된 정보를 무단으로 폐기하는 일은 매우 위험합니다. 공식적 관리절차나 승인 없이 구성원의 독단적 판단으로 회사의 중요한 정보나 자료를 폐기하면 '문서관리규정 및 보안관리규정' 등 관련 사규에 저촉될 수도 있어요. 더불어 자료를 폐기하는 과정에서 회사의 중요한 사업정보나 기술정보가 경쟁사 또는 외부에 유출되어 커다란 피해를 입을 수도 있으므로 항상 주의를 기울여야 해요.

명절을 맞이한 사무실, 모두들 들뜬 분위기다. 사무실 한쪽 구석에는 협력사에서 보내 온 선물이 한 아름 쌓여 있다. 성의표시로 볼 수 있는 가벼운 선물부터 꽤 고가로 보이는 선물까지……. 그런데 부장님이 팀원들에게 하나씩 가져가라고 하는 게 아닌가! 아, 눈에 콕 들어오는 선물이 있긴 한데 정말 가져도 되는 걸까?

제 2 장

협력사

협력사(거래처)와 함께하는 기업윤리

1. 기업윤리 확산 및 경조사
2. 선물·금품 수수
3. 향응접대 및 협찬
4. 협력사 선정 및 공정거래
5. 지분참여 및 주식투자
6. 금전거래

1. 기업윤리 확산 및 경조사

OX 셀프 진단

	O	X
1. 우리 회사의 구체적인 윤리규범을 협력사에 준수하라고 요구하는 것은 월권 행위이다.		
2. 하객은 많을수록 좋으니까 협력사에 내 결혼식 청첩장을 돌린다.		
3. 상사의 경조사를 협력사에 알리는 것은 기업윤리에 위배된다.		
4. 직무와 관련된 업체로부터 10만 원이 넘는 경조금을 받을 경우 돌려줘야 한다.		
5. 협력사 직원이 경조금 20만 원을 내고 갔는데 내가 사전에 통지한 게 아니라면 받아도 된다.		
6. 돌반지는 시가 10만 원이 넘으니 협력사 직원으로부터 이를 받을 시 돌려줘야 한다.		

정답 1.X 2.X 3.O 4.O 5.X 6.O

기업윤리 실천

Q. **우리 회사 윤리규범의 구체적인 내용을 협력사에 준수하도록 요구하는 것은 월권 행위 아닌가요?**

A. 기업윤리를 제대로 준수하려면 사내 임직원만으로는 한계가 있어요. 아무리 우리가 잘하려고 해도 상대방의 협조가 없으면 문제가 발생할 수 있기 때문이지요. 따라서 협력사의 임직원에게 충분히 홍보하고 동참을 유도해야 해요.

경조사 공지

Q. **오래 알고 지낸 협력사가 많은데, 제 결혼식 청첩장을 돌려도 될까요?**

A. 경조금을 받을 목적으로 협력사에 경조사 안내장을 발송하는 것은 엄격히 금지되어 있어요. 고의가 아니라 할지라도 청첩장을 돌리는 과정에서 과실이 발생할 수 있으므로 되도록 알리지 않는 것이 좋겠네요.

Q. **상사의 경조사를 협력사에 알려야 할까요?**

A. 당사자가 알리든 다른 사람이 대신 알리든 이해관계자에게 경조사를 통지하는 것은 잘못된 일이에요. 그러니까 당사자를 대신하여 다른 사람이 통지하는 것 역시 위배되는 행동이지요. 아무리 친분이 있다 하더라도 직무 관련자에게 경조사를 알리는 것은 옳지 않아요.

경조금의 한도

Q. **직무와 관련된 업체로부터 10만 원이 넘는 경조금을 받았는데, 어떻게 해야 하나요?**

A. 이해관계자나 직무와 관련된 업체로부터 과도한 경조금을 받는 것은 금지되어 있어요. 금액과 관련해서는 회사의 내부규정을 따라야 하겠지만, 사회통념상 5만 원을 초과하지 않아야 하고, 특별한 경우라고 해도 10만 원을 초과해서는 안 됩니다. 10만 원을 초과하는 경조금은 공정한 업무수행에 영향을 미칠 수 있기 때문이지요. 10만 원을 초과할 경우에는 즉시 전액을 돌려주세요. 또한 요즈음은 아무리 작은 금액이라도 내는 사람 입장에서는 부담이 될 수 있기 때문에 아예 받지 않을 것을 권장하고 있는 추세라는 것을 명심하세요.

Q. **경조사를 통지하지 않았는데도 협력사 부장이 경조사에 참석하여 20만 원을 내고 갔어요. 어떻게 하죠?**

A. 회사에서 정해놓은 금품 한도액을 초과한 경우에는 즉시 돌려줘야 합니다. 되도록 받지 않는 것이 가장 좋고요. 이런 경우 사실상 거절하기가 매우 어렵지만 20만 원 전액을 이해관계자에게 돌려주시고, 전화로 기업윤리 준수 의지를 설명하면서 정중한 거절과 함께 감사의 마음을 표현하도록 하세요.

기업사례

협력사 경조금 절대 안 받습니다!

LG는 임직원들이 협력사를 비롯한 업무관련자들로부터 경조사와 관련한 금품을 일절 받지 못하도록 내부 윤리규범을 강화하는 방안을 시행하고 있다. 기존에는 사회통념상 5만 원 이내 수준의 경조금과 승진 시 축하선물은 계열사 윤리사무국에 신고하지 않아도 되었으나, 이제는 경조사와 관련한 금품을 일절 받지 않도록 규정하고 있다. 또한 임원 자녀 결혼식을 사내 게시판에 공지하던 관행도 금지했다. 이를 어길 경우 사내 규정에 따라 징계위원회에 회부되는 등 인사상의 불이익을 받게 된다. LG 계열사는 이 같은 취지를 담은 공문을 전국 2만여 협력사에 전달해 협조를 요청하여 현재 시행 중이다.

Q. **알리지도 않았는데 아들 돌잔치에 협력사 직원이 찾아와 돌 반지 한 돈을 주고 갔어요. 돌려드렸더니 성의를 무시하는 거냐며 무척 서운해했는데요, 어떻게 해야 되나요?**

A. 돌반지는 통상적으로 10만 원을 초과하니 지나치게 과도한 금품에 해당하므로 돌려주는 것이 바람직해요. 물론 제공자 입장에서야 성의를 무시한다고 오해할 수도 있지만, 기업윤리의 취지를 잘 설명하시고 감사의 마음을 전한다면 오히려 신뢰관계가 깊어질 거예요.

Q. **우연히 거래처 담당자가 다음주 토요일에 결혼한다는 소식을 들었어요. 결혼식에 참석은 못해도 축의금이라도 전하고 싶은데, 해도 될까요?**

A. 기업윤리를 준수하는 대부분의 회사는 이해관계가 있는 사람으로부터 일체의 금품수수 행위를 금지하고 있어요. 상부상조의 취지에 따라 자발적으로 적은 액수의 경조금을 제공하는 경우는 제한적으로 허용되기도 하지만, 많은 임직원들은 외부관계자가 제공하는 경조금을 상당히 부담스러워 하고 있어요. 건전하고 투명한 거래 관계를 유지하는 데 장애가 될 수 있으니 삼가는 것이 좋겠네요.

Q. **거래처 담당 팀장님이 아기 돌이라며 다음 주 토요일에 점심을 먹으러 오라고 하더군요. 가야 할까요?**

A. 회사(거래처) 임직원이 협력사에 경조사를 알리는 것은 엄격히 금지되어 있어요. 이런 경우는 해당 기업의 기업윤리 담당 팀에 제보해주세요. 경우에 따라서는 좋은 취지로 경조사를 알릴 수도 있겠지만, 통지를 받은 사람 입장에서는 부담스러운 것이 사실이니까요. 거절할 때 거래상 불이익을 받지 않을까 걱정도 될 테고요. 따라서 이와 같은 경조사를 알리는 행위는 지위를 이용해 금품을 강요하는 부당 행위에 해당됩니다.

Q. 거래처 담당자 부친의 칠순 잔치에 20만 원을 냈는데, 회사 윤리규범에 위반된다며 전액을 돌려주더군요. 성의 표시인데 너무한 것 아닌가요?

A. 아무리 업무상 많은 도움을 받았고 형, 동생 하는 특별한 사이라고 해도 이해관계자 간에 경조금 20만 원은 사회 통념에 비추어 과도한 수준이에요. 담당자 입장에서는 윤리규범에 따라 되돌려드린 것이니 너무 섭섭하게 생각하지 마시고 발전적인 관계를 위한 발판이라고 생각하세요. 무엇보다 이해관계자 간 경조금은 불필요한 거래비용이고, 상부상조의 취지에도 부합하지 않는 부담이 될 수 있으니 삼가는 것이 좋아요.

Q. 협력사 모임에서 거래처 담당 팀장의 경조사에 1인당 10만 원씩 걷어서 경조금을 내자고 하는데, 괜찮은 건가요?

A. 어떠한 형태든 경조금을 모금해서는 안 돼요. 경조금은 상부상조의 취지에 따라 부담 없는 범위 내에서 자발적으로 이루어져야 하는데, 이 같은 경조금 모금은 자발적이지 않을 뿐더러 잘못된 관행이 될 수 있으므로 근절되어야 해요.

2. 선물·금품 수수

OX 셀프 진단

	O	X
1. 협력사에서 들어온 구두상품권을 팀장님이 주신다면 받아도 된다.		
2. 뮤지컬 50% 할인권, 호텔 할인권 등의 할인권은 금품에 해당하지 않는다.		
3. 집으로 발신처가 명확하지 않은 선물상자가 배달왔을 경우 기업윤리 담당 팀에 신고해야 한다.		
4. 협력사의 창립기념품이 고가의 만년필인데 회사로고가 새겨져 있다면 받아도 된다.		
5. 명절에 협력사에서 보내온 떡을 팀원들과 나누어 먹는 행위는 기업윤리에 위배되지 않는다.		
6. 협력사 공장을 방문할 시 교통비 명목으로 주는 돈은 받아도 무방하다.		
7. 협력사의 기념행사에서 받는 행운상은 금품에 해당되지 않는다.		
8. 협력사로부터 항공권을 제공받는다.		

정답 1.X 2.X 3.O 4.X 5.X 6.X 7.X 8.X

Q. 협력사나 고객이 감사의 표시로 금품을 보내온 경우에도 거절해야 하나요?

A. 협력사나 고객이 감사의 표시로 주는 경우라도 정중하게 거절해야 해요. 금품이나 향응을 제공받을 경우 이는 언제든지 문제가 될 소지가 있기 때문에 처음부터 거절하는 것이 가장 좋아요. 추후 제공자가 이를 직원의 약점으로 악용할 가능성 또한 충분하기 때문입니다.

Q. 금품을 수수하였더라도 나중에 돌려주면 괜찮은 것 아닌가요?

A. 금품을 자기 것으로 하려는 생각으로 받아두었다면 이를 뒤에 반환한다 해도 위반사항이에요. 즉 금품을 주머니에 넣었다든가, 서랍이나 예금계좌에 보관했다면 나중에 반환한다고 해도 기업윤리에 어긋난다는 것이지요. 견물생심이라고 눈앞에서 탐나는 물건을 보면 유혹을 뿌리치기 힘들기 때문이지요. 하지만 일단 수수하면 문제가 될 수 있다는 것을 명심하고 그 자리에서 정중히 거절하세요. 만약 자기도 모르는 사이에 놓고 갔거나 택배 등으로 배송되었다면 발견한 즉시 상급자나 기업윤리 담당 팀에 신고하거나 반환하여야 해요.

Q. **팀장님께서 협력사에서 받은 거라고 하시면서 5만 원권 구두상품권 한 장씩을 팀원들에게 나누어주셨어요. 그냥 받아도 되는 걸까요?**

A. 협력사로부터 현금이나 상품권 같은 유가증권을 받는 것은 금액에 상관없이 명백히 윤리규범에 어긋나는 행위예요. 아무리 팀장님으로부터 건네받은 것이라 해도, 실질적으로는 협력사로부터 받은 것을 팀 구성원끼리 나눈 것이므로 윤리규범 위반이에요. 따라서 우선 이와 같은 사실을 팀장님께 말씀드리고 금품수수 사실을 기업윤리 담당 팀에 신고하세요.

Q. **아버님이 병원에 입원을 했는데 협력사의 영업담당자가 어떻게 알았는지 병문안을 와서 병원비에 보태라고 10만 원을 주고 갔어요. 어떻게 해야 하죠?**

A. 어떠한 경우라 해도 협력사로부터 금품을 수수해서는 안 돼요. 금품이란 현금, 수표, 상품권, 유가증권은 물론 부채상환, 보증, 대출이자 대납, 동산 또는 부동산의 무상·염가 제공 등의 모든 금전적 혜택을 말합니다. 협력사에서 제공한 것으로 조금이라도 금전적 이익을 얻었다면 이는 기업윤리를 위반하는 행위예요. 만약 본인이 모르는 사이에 놓고 가서 불가피하게 수수했다면 우체국 소액환이나 계좌이체 등 실제 증빙이 존재하는 방식으로 무조건 반환하세요. 그리고 차후 증빙을 첨부하여 기업

윤리 담당 팀에 신고해야 하는데, 반환을 하지 못했다면 일단 신고한 후 수수한 금액을 기업윤리 담당 팀에 위탁하세요.

Q. **사원 한 명이 불의의 병으로 수술을 하게 되어 직원들이 성금을 모금했어요. 그런데 이 소식을 전해 들은 협력사의 대표가 100만 원의 성금을 냈는데, 어떻게 해야 하나요?**

A. 임직원 간의 질병 또는 재난으로 인하여 어려운 처지에 있는 임직원을 돕기 위해 공개적으로 제공되는 금품 등은 예외로 인정할 수 있으나, 이 경우는 이해관계자인 협력사로부터의 금품이므로 어떠한 경우에도 받아서는 안 돼요. 감사의 표시는 하되 정중히 전액을 협력사 대표님께 돌려주세요.

Q. **협력사와 친목 도모 차원에서 고스톱을 쳤는데 본의 아니게 상당 금액을 취득했다면 이 경우도 금품수수에 해당하나요?**

A. 협력사와 고스톱 등 직·간접적으로 금품을 주고받는 사행 행위는 근본적으로 하지 말아야 해요. 또한 상당 금액의 취득은 고의적이고 간접적인 뇌물 수수로 간주되니, 취득 금액이 적든 많든 돌려주세요. 당구, 카드, 골프 등 다른 모든 게임도 마찬가지예요.

Q. **개인적으로도 친하게 지내고 있는 협력사 직원이 제주도 여행패키지 상품권을 주며 여름휴가 때 가족들과 함께 놀러 가자고 하는데, 가도 될까요?**

A. 협력사 직원은 순수한 마음으로 함께 여행을 가자고 한 것인지 몰라도, 이해관계의 위치에 있는 동안은 자제해야 해요. 아무리 친한 사이라고 해도 업무에 영향을 미칠 수 있기 때문이지요. 제안한 직원 입장에서는 서운할 수도 있겠지만 회사의 기업윤리 준수의지를 잘 설명하고, 여행을 함께 감으로써 본인이 곤란한 입장이 될 수도 있음을 잘 납득시키세요.

Q. **협력사의 기념행사에 참석했다가 행운상에 당첨되어 제주도 왕복 항공권 2매와 숙식비 40만 원을 탔어요. 그냥 받아도 되는 걸까요?**

A. 받아서는 안 돼요. 추첨의 형식을 빌렸다고 해도 그 혜택이 통상적인 수준을 벗어나기 때문이지요. 서로 간의 정을 확인하고 친목을 도모하는 수준에서 여러 사람과 함께 나누는 소박한 기념품 정도는 괜찮지만, 이 경우는 그 수준을 벗어납니다. 아무리 이벤트에 당첨된 것이라도 '앞으로 잘 봐달라'는 청탁성 선물이라는 오해를 피하기 어려워 보이네요. 그 자리에서 행운상을 반납하고 다시 추첨하게 하여 그쪽 회사 직원이나 가족에게 돌아가게 한다면 당사에 대한 신뢰도가 더 높아지지 않을까요?

Q. **협력사 직원에게 뮤지컬 50% 할인권을 받았어요. 공짜 표도 아닌데 괜찮지 않나요?**

A. 윤리규정에 의하면 할인권도 금품에 해당돼요. 이 할인권으로 인해 본인이 50%의 금전적 이익을 보는 것이니 금품수수와 마찬가지라는 것이죠. 그러니 정중하게 거절해야 마땅하겠지요? 이는 뮤지컬뿐만 아니라 호텔 할인권, 펜션 할인권, 백화점 할인권 등 각종 할인권에 동일하게 적용되는 원칙이에요. 만약 불가피하게 받았을 경우에는 기업윤리 담당 팀에 신고하고 반송하세요.

Q. **협력사에서 백화점 상품권을 보내왔는데, 5만 원 이하면 받아도 되지 않나요?**

A. 현금은 어떠한 경우에도, 아무리 소액이라도 받아서는 안 돼요. 환금성이 높은 물품, 즉 상품권, 골프연습장 이용권, 헬스클럽 이용권, 관람권, 기타 판촉 및 할인 혜택 등 일체의 선물도 마찬가지예요. 환금성이 높은 물품은 현금과 동일한 의미를 지니기 때문이지요. 그러므로 정중하게 거절하거나 이미 받았다면 되돌려주세요.

Q. **협력사 사장님이 휴가 때 기름값을 하라고 10만 원 상품권을 주셨어요. 순수하게 챙겨주신 것인데, 받아도 되지 않을까요?**

A.

회사의 윤리규범은 이해관계자로부터 규모나 형태에 상관없이 금품수수 일체를 금지하고 있어요. 물론 일부 예외사항(미풍양속에 따라 제공자의 순수성, 자발성이 인정되는 기념품, 경조금, 선물 등)이 있긴 하지만, 이 사례는 여기에 해당된다고 보기 어렵겠네요. 왜냐하면 상품권은 일반적인 의미의 선물이 아닌 사실상 현금과 같은 유가증권이기 때문이지요. 또한 해당 업무 담당자가 거래관계가 있는 회사로부터 휴가비를 받는다는 것은 제공의도가 순수하다거나 미풍양속에 해당한다고 보기도 어렵습니다. 만에 하나 정말로 제공의도가 순수하다고 하더라도 이런 일이 반복되다 보면 협력사의 휴가비 제공 사례가 나쁜 관행으로 널리 퍼질 수도 있지 않을까요? 따라서 이와 같은 경우 사장님께 성의에 대한 감사의 마음을 전하되 정중히 거절해야 하며, 불가피하게 받은 경우라면 기업윤리 담당 팀에 신고해주세요.

Q.

회사의 공장 건축 시공 입찰에 친구가 큰 관심을 보이며, 계약을 낙찰시켜주면 콘도 회원권을 주겠다고 제안하네요. 어떻게 하지요?

A.

어렸을 때부터 친하게 지낸 막역한 사이라면 거절하기가 쉽지만은 않을 거예요. 또한 그 친구가 평소에 그러한 부탁을 하지 않은 사람이었다면 더욱 난처한 상황일 테고요. 하지만 만약 직위를 남용하여 콘도 회원권 등의 대가를 받는 조건으로 친구 업체에 계약을 낙찰시켜준다면 그것은 명백한 기업윤리 위반사항이에요. 위와 같은 경우 계약 낙찰 시 '대가를 받고 도와주는 것을 금지'하는 '뇌물방지규정'을 위반하는 것이 돼요. 뿐만 아니라 대가를 제공한 친구도 기소 대상이 됩니다. 이렇듯 장기적으로 두 사람 모두에게 불이익을 줄 수 있으므로 절대 친구의 요청에 응하지 마세요. 이러한 사실을 친구에게 잘 설명한다면 친구도 거절의 섭섭함을 마음속에 담아두지 않을 거예요.

협력사로부터의 선물수수

Q. **협력사 사장님이 특별한 이유 없이 저희 팀장님의 집 주소와 전화번호를 가르쳐달라세요. 왠지 선물을 전달하기 위한 목적으로 보이는데, 거절해야겠죠?**

A. 간혹 협력사에서 회사 임직원의 개인 집 주소 또는 집 전화번호 등을 가르쳐달라고 하는 경우가 있어요. 이런 경우 그냥 가르쳐주기도 어렵고, 그렇다고 거절하기도 곤란해서 난감할 텐데요, 일반적으로 협력사에서 굳이 회사 임직원의 개인 집 주소 또는 전화번호를 알고자 하는 사유는 은밀하게 금품 등을 제공하거나 부정한 청탁을 하고자 하는 것이 대부분입니다. 따라서 혹시라도 협력사에서 이와 같은 요구를 해도 가르쳐주지 마세요. 업무상 명백하고 정당한 사유가 있을 경우에 한해 임직원의 허락을 받은 후 제한적으로 제공하세요.

Q. **고객사나 협력사 직원이 당사를 방문하면서 양주 1병을 선물로 가져왔다면 받아도 되나요?**

A. 이해관계자로부터 선물, 금품 등을 받지 않는 것이 원칙이에요. 주는 사람은 건전한 관계를 유지하고자 선의로 선물하는 것이라 할지라도, 나중에 문제가 될 여지가 있기 때문입니다. 이럴 때는 회사의 기업윤리 준수방침을 설명하고 현장에서 정중한 거절을 하는 것이 가장 바람직해요. 부득이 거절할 형편이 아니어서 받은 경우에는 고마운 마음을 표하되 기업윤리 담당 팀에 신고해 처리하도록 하세요.

Q. **회사에서 입찰검토와 업체선정을 담당하고 있는데, 집으로 발신처가 명확하지 않은 선물상자가 배달되었어요. 입찰 참여업체가 보낸 것이 아닌가 의심되는데, 어떻게 처리해야 하죠?**

A. 반드시 기업윤리 담당 팀에 신고하세요. '발신처가 명확하지 않으니 신고하지 않아도 되겠지'라고 단순하게 생각했다가 추후 선물 제공자가 문제를 제기하면 곤경에 처할 수도 있습니다. 일반적으로 발신처가 명확하지 않아서 반환이 어려운 선물은 기업윤리 담당 팀에서 복지기관이나 어려운 이웃에게 기부를 하는 방식으로 처리하고 있어요.

Q. **상사의 지시로 협력사로부터 선물을 받았어요. 어떻게 해야 하죠?**

A. 부당한 지시에 대해서는 거부하는 것이 원칙이지만, 상사의 지시를 그 자리에서 바로 거부하기는 사실 어렵지요. 그래서 어쩔 수 없이 선물을 받았다면 이를 회사 기업윤리 담당 팀에 보고하세요. 더불어 실제로 금품을 받았는지의 여부와 상관없이 협력사에 이를 요구하는 행위 자체도 일절 금지되어 있다는 사실을 꼭 명심하세요.

Q. **협력사 창립기념일 행사에 참석해 음식과 선물을 제공받았는데, 이것도 윤리규범에 어긋나나요?**

A. 공식적인 행사에서 나누어주는 일반적인 음식이나 홍보용 선물 등은 받아도 무방해요. 단, 통상적인 수준을 벗어나는 고가의 선물은 받지 않는 것이 옳아요. 만약 받았다면 기업윤리 담당팀으로 신고해주세요.

Q. **협력사로부터 창립기념품으로 제작된 만년필을 받았는데, 값이 비싼 것도 아니고 기업 로고도 새겨져 있더라고요. 그냥 받아도 되겠지요?**

A. 이런 경우는 문제가 되지 않으므로 받아도 무방해요. 일반적으로 협력사로부터 금품을 수수하는 것은 윤리규범

에 위배되지만, 불특정 다수에게 배포하기 위한 협력사 창립기념품은 '기념품 혹은 홍보용 물품'에 해당되기 때문에 예외적으로 받을 수 있어요. 단, 이러한 경우라고 해도 사회적 통념을 벗어나는 고가의 경우라면 거절하는 것이 옳다는 것 알아두세요.

Q. **협력사 로고가 새겨져 있는 기념품인 만년필을 선물로 받았는데, 포장을 뜯어보니 명품매장에서 판매하는 고가 만년필이었어요. 어떻게 하지요?**

A. 고가의 만년필은 그 의도가 순수하다고 보기 어렵네요. 기업윤리 담당 팀에 이메일이나 전화로 신고하고, 반환 절차를 취하도록 하세요.

Q. **협력사 주관의 세미나에 참석했는데, 시가 3만 원 상당의 USB를 기념품으로 참석자 전원에게 나누어주었어요. 돌려줘야 하나요?**

A. 통상적으로 인정되는 금액(5만 원 이내)의 선물이므로 상위 관리자에게 보고하고 상급자가 승인하면 개인적으로 소지해도 괜찮아요. 다만 협력사에서 해당 기념품을 만든다는 것을 알고 미리 요구하거나 해당 기념품을 추가로 요구해서는 안 돼요.

Q. 협력사에서 방문객에게 의례적으로 제공하는 것이라며 최신 전자수첩을 주더군요. 비싸 보이는데 받아도 될까요?

A. 최신 전자수첩은 부담 없이 받기에는 고가의 제품에 해당되므로 받지 않는게 좋겠어요. 그 기념품이 업무를 추진할 때 객관적이고 공정한 판단을 저해할 정도라고 판단된다면 기업윤리 담당 팀과 의논하는 것이 가장 좋아요. 의논을 거친 후 그 물품을 후원단체 등에 기증하면 더욱 유용하게 사용될 수 있을 거예요.

협력사로부터의 명절 선물

Q. 협력사로부터 과일이나 농축산물 등 명절 인사성 선물을 받아도 되나요?

A. 어떠한 선물이라도 받아서는 안 돼요. 담당자로서 업무상 거래 결정에 영향력을 미칠 수 있는 우월적 직위에 있는 경우는 협력사가 단순히 친목을 위해 보낸 것으로 보기 어렵기 때문이지요. 그러므로 회사의 기업윤리 준수 지침을 상세히 설명하고 정중히 거절하세요.
부득이하게 명절 선물을 받았을 경우에는 감사의 마음을 전하며 이를 돌려보내는 것이 바람직하고 현실적으로 돌려보내는 것이 불가능하다면 해당 내용을 상사에게 보고하고 기업윤리 담당 팀에 알리세요.

기업사례

선물, 주지도 받지도 마세요

• LG

매년 명절마다 '선물 안 주고 안 받기'를 실천해오고 있다. 이해관계자로부터의 선물을 정중히 거절하고 마음만 주고 받자는 취지로, 이는 LG의 문화로 자리잡고 있다. 이에 따라 LG전자 임직원들은 협력사나 납품사 관계자들로부터 선물을 일체 받지 않는 것으로 돼 있으며, 불가피하게 선물을 받았다면 윤리사무국으로 신고해야 한다.

• 삼성전자

지난 2011년 준법지원팀(컴플라이언스팀)을 확대하면서 전문인력을 270여 명으로 늘렸다. 이같이 회사 차원에서 임직원들의 선물수수 등을 엄격하게 단속하고 있다는 것을 삼성전자 협력사도 이미 인지하고 있어서 명절 선물을 권하거나 받을 생각을 서로 하지 않는다. 이는 삼성전자가 '갑' 역할을 하는 구매는 물론, '을' 역할을 하는 영업에서도 같으며, 이처럼 삼성전자는 선물 안 주고 안 받기를 사내 문화로 정착시키고 있다.

Q. 팀장이 협력사로부터 명절 선물로 받은 상품권을 직원들에게 나누어주었어요. 이 경우 받아도 되나요?

A. 상품권 또한 명절 선물일지라도 절대 받아서는 안 돼요. 팀장이 협력사로부터 상품권 등을 받아 직원에게 주었다면 일차적으로 팀장이 기업윤리지침을 위반했다고 할 수 있어요. 또한, 간접적으로 건네받는 행위도 기업윤리지침 위배에 해당되지요. 그러니 기업윤리 관련 팀에 신고하고 반납하세요. 해당 팀에서는 이를 제공자에게 반환하거나 반환이 어려울 때는 모아서 정기적으로 고아원, 양로원 등에 기부하도록 하세요.

Q. 고등학교 동창이 협력사에 입사를 했어요. 그런데 명절에 고가의 선물을 보내왔네요. 사적인 사이인데, 받아도 되나요?

A. 공적인 관계와 사적인 관계가 충돌하면 공적인 관계를 우선하는 것을 원칙으로 해야 해요. 어느 경우에도 스스로 사적인 명분을 합리화하여 윤리규범에 저해되는 행동을 해서는 안 돼요. 본인의 의도와 무관하게 고객업체와 이해관계가 얽히는 상황에 처하는 경우, 당사자는 아무래도 처신이 곤란해질 테고 공정한 업무수행에 방해를 받을 수 있겠지요. 그러므로 절대 받지 마세요.

Q. 학교 친구를 통해 보험을 가입했는데, 명절에 보험 가입 고객을 위한 선물을 보내왔어요. 이런 경우도 돌려줘야 하나요?

A. 업무와 무관한 개인적인 일이기 때문에 돌려주지 않아도 돼요. 개인이 알아서 처리하세요. 일반적으로 윤리규범은 업무에 영향을 줄 때에 한하여 명절 때 선물수수를 금지하고 있어요. 이 사례는 업무에 어떠한 영향도 끼치지도 않았고, 개인의 이득을 위해 타 팀원에게 가입하도록 강요하지도 않았으므로 괜찮아요.

Q. 명절에 협력사에서 떡을 보내왔는데 부패 및 파손의 위험이 있어서 반송이 쉽지 않아요. 비싼 것도 아닌데 팀원들과 나누어 먹어도 될까요?

A. 명절 선물은 그 어떤 것이든 그 자리에서 감사의 마음을 표현하며 정중하게 거절하는 것이 원칙이에요. 만약 일방적으로 집이나 회사로 배송되거나 자리를 비운 사이 선물을 놓고 가, 부득이하게 받았다면 기업윤리 담당 팀에 신고한 후에 반송하는 것이 좋고, 이 경우 상대방의 호의를 무시한다는 오해를 받지 않도록 감사의 인사를 하고 향후 이런 일이 재발하지 않도록 기업윤리 준수의지를 잘 전달하세요. 부패나 변질, 파손의 위험이 있어 반송이 어려운 경우에는 기업윤리 담당 팀이나 업무지원팀의 협조를 구해 선물을 보내온 협력사 명의로 사회복지시설 및 종교단체에 기증하세요. 만약, 이를 개인적으로 사용했다면 제공받은 선물을 시장 가격으로 환산하여 동액 상당을 기부하도록 하세요.

Q. **협력사를 방문했는데 명절 선물로 배 한 박스(7~8만 원 상당)를 차에 실어 놓았더라고요. 전임자도 부담 없이 받았다면서 억지로 건네는 바람에 받긴 했는데, 어떻게 하죠?**

A. 정중히 거절해주세요. 우선 협력사 직원의 입장에서 한 번 생각해보세요. 아마 두 가지 고민이 있었을 것 같아요. 첫 번째는 예전부터 해오던 명절 선물을 사람이 바뀌었다고 안 하기는 어려웠을 것이라는 점이에요. 두 번째는 그 반대의 경우를 생각해볼 수 있어요. 기존에는 완곡한 거절로 선물을 하지 않았는데 담당자가 바뀐 것이지요. 이런 경우 선물을 해야 할지 하지 말아야 할지 고민

이 되었을 거예요. 그리고 일단 선물을 해야겠다고 결정했겠지요. 지금 새로 시작하는 관계이니 기업윤리를 제대로 실천할 수 있는 기회로 삼아보세요. 선물을 거절당한 협력사 직원이 지금 당장은 섭섭해할 수 있지만, 나중에는 오히려 담당자에 대한 신뢰가 더욱 높아질 것이라고 생각해요. 직접 선물을 거절 또는 반송하기 어려운 경우라면 기업윤리 관련 팀에 전화 또는 이메일로 신고해주세요. 해당 팀에서 규정에 따라 정중히 반송 등의 조치를 취할 수 있도록 말이지요.

협력사로부터의 승진·이전 선물

Q. 승진 소식을 듣고 협력사들이 축하 화분을 보내왔는데, 돌려보내야 할까요?

A. 원칙적으로는 협력사로부터 어떠한 선물도 받지 않아야 해요. 그러나 승진이나 사무실 이전을 했을 경우 축하 화환이나 꽃다발, 화분을 받는 것은 무방해요. 통상적인 수준이라면 사무실 내의 환경미화용으로 사용할 수 있습니다. 그러나 특정 업체에게만 받았거나 고가라면 문제가 될 수 있어요. 또한 화분의 개수가 많거나 통상적인 수준 이상이라면 거절하거나 회송하는 것이 좋겠지요. 부재중일 때 받거나 택배 등으로 받아 되돌려줄 방법이 없다면 조직의 리더나 기업윤리 담당 팀과 상의하여 처리하세요. 물론 가장 좋은 방법은 협력사에 당사의 기업윤리

준수의지를 전파해서 사전에 화분 배달을 막는 것입니다. 참고로 본인 또는 부하직원이 협력사에 화환 제공을 직간접적으로 강요하는 행위는 엄격히 금지되어 있음을 알아두세요.

기업사례

축하 난 경매처리해 기부!

포스코는 회장 및 임직원 인사를 축하하기 위해 외부에서 보내 온 난(蘭)을 경매에 부쳐 그 수익금을 양로원 등 사회시설에 기부했다. 신임 회장의 취임 축하 난 40여 점을 비롯해 모두 240여 점을 경매처리했으며, 수익금 1,033만 원을 쌀로 교환해 양로원 등에 기부하여 눈길을 끌었다.

Q. 사무실을 이전했는데, 협력사에서 벽걸이시계를 보내왔어요. 받아도 되나요?

A. 받지 않는 것이 바람직해요. 특히나 그 벽걸이 시계의 가격이 고가면 기업윤리 담당 팀에 신고하고 돌려주세요. 비싸 보이지 않더라도 기업윤리 담당 팀과 협의하여 판단하세요.

협력사의 경비 제공

Q. 업무상 동반 출장한 협력사가 숙박비, 교통비 등의 경비를 대신 지불해주었는데, 괜찮은가요?

A. 본인의 출장 비용은 회사 경비로 처리하는 것이 원칙이에요. 그러므로 협력사에서 지불한 비용을 취소하게 하거나 부서 상사에게 보고한 후 해당 비용을 협력사에 되돌려주세요.

Q. 협력사를 방문해야 하는데, 그 회사가 마침 항공권을 제공하겠다고 하네요. 받아도 될까요?

A. 받아서는 안 돼요. 상대방이 아무리 호의로 제공한다 해도 결과적으로 주는 사람이나 받는 사람 모두에게 부담일 수밖에 없어요. 또한 출장 결과에 다소나마 영향을 주는 요인이 될 수 있으므로 반드시 거절해주세요.

Q. 협력사의 공장을 방문했는데, 교통비 명목으로 10만 원을 주더군요. 그래서 기름값 및 고속도로 통행료로 사용한 후 회사에 출장비 청구는 따로 하지 않았는데, 문제가 될까요?

A. 회사의 비용을 절감한 셈이므로 문제가 되지 않으리라는 생각은 위험한 착각이에요. 이해관계자로부터의 금품수수는 이유 여하를 불문하고 금지되어 있다는 것을 꼭 알아두세요. 설사 회사의 이익을 위해서라고 할지라도 금품수수 행위는 정당화될 수 없어요.

Q. **농촌 봉사활동 후 그 지역 농산물을 주셔서 마지못해 받았는데 돌려줘야 할까요?**

A. 상대가 이해관계자가 아니며 부담을 주기 위해서가 아니라 호의, 답례로 준 것이므로 받아도 무방해요. 지나치게 윤리규범을 광범위하게 해석해서 이를 돌려보내는 것은 오히려 주민의 정성을 저버리고 그동안 쌓아온 관계를 소원하게 만드는 셈이 될 수도 있으니까요. 받은 물품은 동료 직원들과 함께 드시거나 가까운 고아원이나 양로원에 기증해도 좋겠네요. 처리 방법은 자율적으로 결정하세요.

Q. **저희 회사 담당자가 팀장으로 승진했다는 소식을 들었어요. 작은 난 화분을 보내고 싶은데, 괜찮을까요?**

A. 승진이나 이취임 시 통상적 수준의 화환, 화분 정도는 인사로 제공할 수 있어요. 그러나 지나치게 비싸거나 부담스러운 화환, 화분 등은 허용 취지에 반하므로 삼가는 것이 좋아요. 또한 제공받는 입장에서 볼 때 관리상의 어려움이 있거나 다소 사회적인 낭비 요소로 여겨질 수 있으므로 되도록 따뜻한 인사 한마디를 해주시거나 축하 카드, 전보 정도만 보내주셔도 당사자에게는 큰 기쁨이 될 거예요.

Q. **회사 창립기념품(넥타이)이 나왔는데, 거래처 담당자에게도 보내려고 해요. 혹시 문제가 될까요?**

A. 되도록이면 안 주고 안 받는 것이 추세입니다. 그래도 꼭 보내고 싶다면 다수에게 배포하기 위해 제작한 기념품의 경우 통상적인 가격인 5만 원 이내의 물품에 한해서 제공이 가능해요. 5만 원을 초과한 물품은 수수가 금지되고 있으니 유의하세요. 물품을 수수한 거래처 임직원이 문책을 당하는 등 곤란한 상황에 처할 수도 있거든요. 또한 거래처 입장에서 부득이하게 수수했을 경우는 반송 또는 사회단체에 기부토록 하고 있으니 참고하세요.

Q. **거래처로부터 저희 회사가 신규업체로 등록되었다는 통보를 받았습니다. 선정 과정 중 수고해준 담당자에게 작은 선물을 하려는데, 괜찮겠지요?**

A. 선정 결과에 따른 대가성이 있는 선물은 금지하고 있어요. 보통 업체 선정 작업이 완료된 후에는 선물을 제공해도 무방하다고 생각할 수 있지만 회사 입장에서는 엄격하게 금지하고 있는 사안이에요. 왜냐하면 향후 거래관계에 있어서 담당 직원의 정상적인 의사결정을 어렵게 할 수 있기 때문이지요. 일단 선물을 받고 나면 업무에 공정하지 않은 영향을 미칠 수 있으니까요. 또한, 제공자의 순수한 의도와 달리 나쁜 관행으로 자리 잡을 수 있기 때문이에요.

Q. **거래처 담당자가 솔선하여 어려운 일을 처리해주어서 감사 선물을 하고 싶은데, 해도 될까요?**

A. 어려움을 해결해준 것에 대한 감사의 표현이라도 선물은 삼가는 것이 좋아요. 이와 같은 선물이 향후 거래관계에 영향을 미칠 수 있고, 받는 사람도 부담을 느낄 수 있으니까요. 그보다는 그분의 상사에게 칭찬 편지를 보내는 것은 어떨까요? 순수하고 작은 감사 선물은 제한적으로 허용되기도 하지만, 물질적인 것보다는 마음을 담아 편지를 쓰는 것이 담당 직원에게도 훨씬 더 큰 힘이 될 것 같네요.

Q. **회사의 주요 VIP 고객들에게 감사의 인사로 15만 원 상당의 '오페라 공연 티켓'을 선물하려는데, 회사 비용으로 처리해도 되나요?**

A. 아무리 회사의 중요한 VIP 고객이라 할지라도 회사 돈으로 업무상 관계없이 고가의 선물을 하는 것은 윤리규범을 위반하는 것이에요. 이때는 회사의 판촉용품이나 검소한 선물 등 통상적인 수준에서 선물하는 것이 좋겠네요.

Q. **명절을 맞아 거래처 담당자와 팀장에게 사과 한 상자씩 보내려고 해요. 이런 작은 성의 표시도 안 되나요?**

A. 업무상 이해관계가 있다면 선물은 제공하지 않는 것이 옳아요. 아무리 명절 선물이라고 해도 부담을 느낀 다른 고객사나 거래처가 따라서 선물을 할 수도 있고, 서로 고가의 선물을 제공하려고 경쟁하는 등 나쁜 관행이 될 수도 있으니까요.

Q. **명절을 맞아 거래처 담당자에게 20만 원 상당의 한우 갈비 세트를 보냈는데 반송되었어요. 마음에 안 든 걸까요?**

A. 과도한 선물이라서 돌려드린 것이에요. 물론 순수한 의도로 선물을 했는데 반송되었다면 제공자 입장에서 서운할 수도 있어요. 하지만 이처럼 과도한 선물은 건전하고 투명한 거래관계를 유지하는 데 장애가 되기 때문에 철저하게 금지하고 있어요. 또한 선물을 받는 입장에서 볼 때도 과도한 선물은 오히려 부담스러울 수 있다는 점도 고려해주세요.

Q. **최근 거래처 담당자가 모 협력사에서는 명절 선물로 굴비 한 세트를 보냈는데 저희 회사는 선물을 안 하느냐고 묻더라고요. 선물을 바라는 것 같아서 고민스러운데요, 보내야 할까요?**

A. 담당자가 요구한다고 해도 절대 선물을 제공해서는 안 돼요. 윤리규정에서는 직접적이든 간접적이든 이해관계자에게 선물 또는 금품 요구 행위를 일절 금지하고 있다는 것을 알아두세요. 또한 금품을 요구한 해당 임직원에 대해서는 엄중하게 문책하고 있어요. 혹시라도 직간접적으로 선물 등 금품의 제공을 요구 받았거나, 제공을 거절하여 불이익을 봤다면 해당 거래처 기업윤리 담당 팀에 제보해주세요.

Q. **거래처 담당자가 서울 본사로 전출을 간다고 해서 전별금을 좀 주고 싶은데 해도 될까요?**

A. 액수에 상관없이 현금이나 상품권을 선물해서는 안 돼요. 이는 제공 의도와 상관없이 미풍양속에 따른 순수한 선물로 보기 어렵기 때문이에요. 만약 담당자에게 고마움을 표하고자 한다면 물질적인 선물을 하기보다는 그간 수고했다는 따뜻한 인사를 건네주는 편이 더 큰 격려가 될 거예요. 만약 불가피하게 전별금을 받았을 경우 담당 직원은 기업윤리 담당팀에 신고한 후 반송하거나 기부토록 하고 있으니 이해해주세요.

Q. **회사 창립기념일에 회사 발전에 기여한 거래처 담당자에게 매년 공로상을 수여하는데, 올해는 상패와 함께 부상으로 순금 행운의 열쇠를 지급할 예정이에요. 이런 경우도 윤리규범에 위반되나요?**

A. 상장, 상패 정도를 주는 것은 무방해요. 그러나 순금 행운의 열쇠 같은 과도한 부상은 제공을 삼가는 것이 좋아요. 받는 사람 입장에서도 매우 부담스러울 뿐만 아니라, 윤리규범에 어긋나므로 반송해야 하는 물품으로 보이네요.

3. 향응접대 및 협찬

OX 셀프 진단

	O	X
1. 부서 회식에서 우연히 마주친 협력사 사장이 우리 모르게 회식비를 계산하고 갈 경우 이미 계산된 거니 받아도 된다.		
2. 협력사 직원이 지인일지라도 사적인 모임은 피하는 게 좋다.		
3. 협력사 직원이 2차로 단란주점에 가자고 할 경우 절대 응해서는 안 된다.		
4. 각자 비용을 부담한다면 회사의 승인 없이 협력사 관계자와 골프를 쳐도 된다.		
5. 주말 골프 부킹에 협력사 대표의 회원권을 이용한다.		
6. 협력사에 출장을 갈 경우 차량과 숙박을 지원받는 것은 당연하다.		

정답 1.X 2.O 3.O 4.X 5.X 6.X

Q. **협력사로부터 조촐하게 저녁식사를 하자는 초대를 받아서 함께 식사를 했는데 문제가 될까요?**

A. '업무상 식사'에 한하여 '회사 내부 규정에 어긋나지 않는 선(기본 1인당 1회 3만 원, 특별한 경우라면 5만 원 이내의 범위)'에서 가능해요. 또한 공식행사이면서 부서장 이상의 상위 관리자에게 승인을 받은 경우라면 통상적인 수준에서 향응에 응할 수 있어요. 여기서 통상적인 수준이란 일반인이 상식적으로 판단할 때 이해할 수 있는 수준을 의미하며, 공개되어도 부끄럽지 않거나 수혜자가 부담을 느끼지 않고 공정하게 업무를 처리할 수 있는 범위를 의미해요.

Q. **업무상 협력사와 저녁식사를 하기로 했는데, 지난번 식사 때는 저희 부서비용으로 지불했으니 이번에는 협력사에서 지불하게 해도 되겠지요?**

A. 협력사와 업무협의 등을 위한 식사 모임은 통상적인 범위 내라면 가능해요. 단, 업무상 발생하는 비용은 회사가 부담하는 것이 바람직하며, 거래활성화 등 업무협의와 관련된 간소한 식사대접을 받는 것은 허용돼요. 다만 고급식당이 아닌 일반식당에 한해서 통상적인 수준(1인당 3만 원, 최대 5만원 이내)을 초과하면 안 된다는 것을 기억하세요.

Q. **부서 회식에서 우연히 협력사 사장과 마주쳤는데 나중에 계산을 하려고 보니 협력사 사장이 이미 계산을 했더라고요. 이런 경우는 어떻게 해야 하나요?**

A. 먼저 협력사 명의의 카드 결제를 취소하고 해당 팀의 법인카드로 재결제하거나, 동액 상당의 현금을 협력사에 반환하세요. 그리고 해당 협력사 담당자 또는 대표이사에게 앞으로 이와 같은 일이 발생하지 않도록 요청하는 내용의 공문과 반환 처리 결과 증빙(거래취소 전표 또는 송금 영수증 사본 등)을 송부하고, 기업윤리 담당 부서에도 신고하는 것이 좋아요. 협력사에 '호의는 감사하지만 회사의 윤리규범을 준수하기 위해 불가피한 조치라는 것'을 명확히 알리고 재차 이런 일이 발생하지 않도록 당부하세요. 이처럼 회식비를 대신 내는 행위는 윤리규범상 '부채의 대리상환'으로 볼 수 있으며, 철저히 금지되어 있어요. 따라서 평소 팀 회식 또는 기타 팀 내 행사와 관련된 내용을 협력사에 알려서는 안 되고 혹시라도 협력사 담당자가 우연히 동석하게 될 경우라도 동 담당자가 비용을 대신 지불할 수 없으므로 각별히 유의하세요.

Q. **협력사 직원이 지인일 경우 사적으로 만나도 되나요?**

A. 협력사와의 공적인 관계가 우선이므로 가급적 사적인 모임은 피하는 것이 바람직해요.

Q. **고등학교 동기가 협력사에 근무하고 있고, 저는 그 회사에 영향을 미치지 못하는 부서에 근무하고 있어요. 사적인 만남에서 술값을 동기가 계산했는데, 이것도 기업윤리에 위배되나요?**

A. 통상적인 수준이라면 문제가 되지 않겠지만 다소 과도한 비용이 들었다면 문제가 될 수 있어요. 본인이 지금 당장은 협력사 업무에 영향력을 행사하지 못할 수 있지만 관련 부서에 간접적으로나마 힘을 써줄 수 있을 것이라 상대방은 기대하고 있을지도 모르고요. 그러니 과도하게 발생한 금액은 분담하는 것이 좋아요. 더구나 직간접적으로 도와달라는 이야기가 오고갔다면 이는 명백한 윤리규범 위반사항에 해당하니 반드시 분담하도록 하세요.

Q. **친구가 협력사에 근무하는데 가끔 식사나 가족 야유회 등 사적으로 만나곤 하거든요. 관련 비용을 그 친구가 주로 계산하는데 문제가 되나요?**

A. 친구가 협력사에 근무하고 있고 본인이 거래 과정에 조금이라도 개입할 수 있는 입장이라면 본인의 비용은 자신이 지불하도록 하세요. 친구에게는 윤리규범에 저촉되어 곤란한 입장이 될 수 있음을 잘 납득시키시고요.

Q. 협력사 직원과 식사를 한 후 2차로 단란주점이나 룸살롱 등에 가자는 제안을 받을 때가 있는데, 응해도 되나요?

A. 협력사 직원이 2차를 가자고 하면 뿌리치기 어려운 경우가 많겠지만 정중히 거절해야 해요. 특히 유흥업소 등과 같은 고가의 접대는 절대 받아서는 안 돼요. 고가의 접대 비용은 의도하든, 그렇지 않든 받는 사람에게 직무상 부담을 주기 때문이에요. 설혹 그 회사의 비용으로 처리한다고 해도 거절하세요.

기업사례

신세계 페이(협력사와의 투명한 관계 유지)

신세계는 사내외 공식 또는 비공식 모임이나 업무수행 과정에서 발생하는 모든 비용을 어느 한 쪽이 일방적으로 부담하던 관행에서 벗어나 자신의 몫은 자신이 지불하는 신세계 페이 캠페인을 시행하고 있다. 제도 시작 당시 한국적인 정서에서 다소 어렵다는 예상이 있었으나 적극적인 교육과 홍보를 통해 임직원들의 공감도가 날로 높아져가고 있다.

• 신세계 페이 5대 실천지침

1. 공사 구분 명확히 하기
2. 먼저 제안하고 실천하기
3. 공평하게 부담하기
4. 적은 금액이라도 나누어 계산하기
5. 발생 시점에서 즉시 지불하기

캠페인 실천의 모니터링을 위해 인사시스템 내 윤리실천 항목에 신세계 페이 실천 내용을 등록하도록 하고 있었으나, 임직원들이 신세계 페이 실천 후 바로 등록할 수 있도록 2012년에 모바일 등록 시스템을 새로 구축하였다.

Q. **일반적으로 골프 접대를 규제해야 한다는 것이 다수의 의견인데, 선진국과 선진기업의 사례는 어떠한가요?**

A. 선진국에서는 근무시간 중 골프를 치는 것이 금지되어 있어요. 주말 골프는 허용되지만 미국의 경우에는 입장료가 20~30달러 정도임에도 각자가 부담하는 것이 일반적이에요. 또한 협력사와의 개인적인 골프 접대는 허용치 않고 있어요.

Q. **협력사와 각자 비용을 부담하여 골프를 치는 것은 허용되나요?**

A. 원칙적으로 회사로부터 사전승인을 받지 않는 이상 협력사와의 골프는 금지되어 있어요. 누가 비용을 부담하느냐에 관계없이 향후 직무수행에 영향을 받을 수도 있기 때문이지요. 사전신고를 하기 어려운 특별한 사유가 있다면 사후에라도 즉시 신고하세요.

Q. **여름 휴가철인데 협력사의 창립 25주년 행사에 초청을 받았어요. 공식행사와 함께 등산, 골프대회 등의 일정도 포함되어 있는데, 참석해도 되나요?**

A. 공식행사일지라도 여름철 골프대회의 경우는 행사를 빙자한 접대일 확률이 높아요. 이러한 시기의 행사는 순수한 의도를 인정받기 어렵고, 협력사의 휴가철 접대에 해당될 수도 있으니 정중히 거절하는 것이 현명하겠네요. 다만 부득이 참석해야 할 경우에는 미리 회사의 승인을 받는 것을 원칙으로 합니다.

Q. 주말 골프 부킹에 협력사 대표의 회원권을 이용하면 안 되나요?

A. 원칙적으로 사적인 용도로 이해관계자 소유의 골프 회원권을 이용하면 안 돼요. 의도하지 않았더라도 우월적 지위를 남용하는 것이라고 볼 수 있기 때문이에요.

Q. 회사와 직접적인 관련이 없는 협력사 직원과의 골프 여행도 윤리규범에 어긋나나요?

A. 우리 회사와 현재 아무런 거래 관계가 없는 회사라고 해도 그 회사의 주된 사업목적과 제반사정 등을 종합적으로 고려하여 판단해야 해요. 유사한 업종에 종사하고 있는 사람이라면 차후 새로운 거래관계가 생길 개연성이 높기 때문에 함께 여행을 가지 않는 것이 좋겠네요. 특히 골프 여행이나 기타 의도치 않게 수반되는 접대 등은 향후 의사결정에 상당한 영향을 미칠 수 있으므로 자제하세요.

Q. 체육대회나 등산 같은 부서 내 행사가 있을 때 협력사로부터 음료수나 주류를 받을 경우가 있는데, 괜찮은가요?

A. 협력사로부터 찬조를 받는 것은 윤리규정에 위배되니 받지 마세요. 특히나 찬조를 받기 위해 의도적으로 협력사에 통지하여 부담을 주는 행위는 절대로 해서는 안 돼요. 아무리 적은 금액이라도 협력사 입장에서는 부담이 될 수 있고, 또 요청을 하지 않았다고 해도 상대방이 덥석 받으면 협력사 입장에서는 하나의 관행이라고 오해할 수도 있어요. 따라서 사전에 회사의 기업윤리 준수 의지를 잘 설명하고 거절하는 것이 가장 좋고, 미리 인지하지 못하고 받았라면 꼭 돌려주어야 해요. 모든 행사는 회사 예산 범위 내에서 간소하게 치르는 문화를 정착시키도록 노력해 주세요.

Q. 업무 처리를 위해 협력사에 방문하려는데 협력사에서 차량과 숙박을 제공한다고 하네요. 지원을 받아도 되나요?

A. 원칙적으로 협력사로부터의 교통, 숙박 등의 편의 수수는 금지되어 있어요. 다만, 부득이한 경우라면 출장 관련 교통 및 숙박 등의 편의를 제공받되 그에 상응하는 경제적 비용을 협력사에 지불하는 것이 좋겠네요.

Q. 업무상 출장을 갔는데 터미널에서 협력사까지 교통편이 마땅치 않아서 협력사 직원이 마중을 나와 주었어요. 그 차를 타도 되나요?

A. 공항이나 터미널까지 마중 나온 자동차를 이용하는 것은 윤리적으로 문제가 되지 않아요. 다만 반복적이고 계속적으로 마중을 나와야 한다면 협력사에 부담이 되겠지요. 이번은 이용하되 마중이 반복되지 않도록 이해를 구하는 것이 좋아요. 또한 의도적으로 협력사에 요청해서 부담을 주는 행위는 윤리규범에 위반되므로 절대 해서는 안 돼요.

Q. 가족과 제주도로 여름휴가를 갔는데, 협력사 직원이 차량으로 마중을 나와 숙소까지 데려다 준다고 하네요. 어떻게 해야 하나요?

A. 개인적 일정이기 때문에 협력사에서 제공하는 교통편을 이용하지 않아야 해요. 더불어 업무와 관련도 없는데 휴가지의 숙소 등을 문의하면 협력사에서는 편의를 요구하는 것으로 받아들일 수 있으니 주의하세요.

Q. **얼마 전 거래처와 프로젝트 작업이 완료되어 담당자와 회식을 하려는데, 저희가 비용을 부담해도 되나요?**

A. '업무와 관련된' 가벼운 식사 등은 회사 내부 규정에 정해진 금액에 한하여 가능해요. 단, 통상적으로 1인당 3만 원을 넘지 않는 것을 기준으로 하고, 특별한 경우라도 5만 원은 넘지 않아야 합니다.

Q. **거래처 담당직원이 최근 저희 회사를 도와준 일을 계기로 은근히 저녁식사를 요구하는데, 어떻게 하지요?**

A. 대부분의 회사는 이해관계가 있는 사람들과의 식사행위를 지양하고 있어요. 업무상 반드시 필요한 가벼운 식사 정도(1인당 3만 원, 최대 5만 원 이내)는 허용하고 있지만, 거래처 쪽에서 먼저 요구하는 경우는 엄격하게 금지되어 있답니다. 만약 거래처 임직원이 식사, 향응, 금품 등을 직간접적으로 요구한다면 거래처 기업윤리 담당 팀에 신고하세요.

Q. **중요한 거래처 담당자가 유흥주점에 가고 싶어 하는 눈치를 주는데, 어떻게 해야 하나요?**

A. 유흥주점이라면 통상적 수준을 넘는 과도한 접대로 판단되는군요. 아무리 상대방이 원하고 있는 눈치라고 해도 자제하는 것이 바람직해요. 통상적인 수준(1인당 3만 원, 최대 5만원 이내)에서 식사를 하는 것으로 끝내도록 하세요. 그리고 상대방에게 윤리규범의 취지를 알려 향응을 제공하기 어렵다는 것을 알리도록 하세요. 그래도 요구할 경우엔 해당 기업의 기업윤리 담당 팀에 신고하세요.

Q. **친하게 지내는 거래처 담당자가 자꾸 골프장 예약을 부탁해서 부담스러워요. 어떻게 해야 하나요?**

A. 곤혹스러울지라도 거절해야 해요. 그럼에도 불구하고 계속적으로 요청을 하거나 거절로 인해 불이익을 받았다면 거래처 기업윤리 담당 팀으로 제보하세요. 본 사례의 경우 골프 비용까지 부담할 것을 요구하는 것은 아니지만, 골프장 예약이 보통 유상으로 취득한 회원권을 이용해야만 하므로 골프장 예약을 요구한 것은 경제적 이익을 취하는 것인 동시에 지위를 이용해 편의 제공을 강요한 것에 해당돼요. 골프장뿐 아니라 콘도 예약 등을 부탁하는

경우도 마찬가지예요.

Q. **거래처 담당 팀이 금주에 워크숍을 간다고 해서 캔맥주와 안주거리를 사서 보내려고 해요. 문제가 되나요?**

A. 행사 지원은 삼가는 것이 좋아요. 왜냐하면 워크숍은 회사의 내부 행사이며 필요비용 일체가 지원되기 때문이에요. 본 사례의 경우 금액이 크지 않고 거래처 임직원의 요청이 없는 자발적인 것이었다고 볼 수 있지만, 다른 고객사나 거래처의 입장에서는 부담이 될 수 있음을 고려해주세요.

Q. **다음 주에 거래처에서 저희 회사에 방문평가를 온다는데, 차량과 숙소를 제공해도 되나요?**

A. 담당직원에게 차량 및 숙소 등의 출장지원을 할 필요는 없어요. 거래처 평가는 우수 거래처를 공정하게 선정하려는 일상적인 업무 활동 중 하나이기 때문이에요. 또한 담당 직원이 방문할 때 소요되는 비용 일체(교통비, 숙박비, 식사비 등)는 회사에서 부담하고 있으니, 담당 직원의 출장지원에 대해서는 전혀 고민할 필요가 없어요. 다만, 출장지가 오지에 있는 등의 사유로 인해 불가피하게 출장지원을 제공해야 할 경우 거래처에게 대가를 지불받도록 하세요.

4. 협력사 선정 및 공정거래

OX 셀프 진단

	O	X
1. 협력사와 수의계약이 불가피하게 필요할 경우 회사의 사전승인을 반드시 받아야 한다.		
2. 협력사 선정 시 회사에서 정한 규범을 따르지 않고 내가 일하기 편한 곳으로 정한다.		
3. 기존 협력사에 다른 업체 수준으로 가격을 낮추어달라고 요구한다.		
4. 협력사의 기술은 그 회사의 허락 없이 사용해도 무방하다.		
5. 매출이 급격하게 줄 경우 대리점에 추가 매입을 요청해도 된다.		
6. 경쟁사에 있는 친구로부터 그 회사의 신사업 동향에 대한 정보를 얻는 것은 불법이 아니다.		
7. 협력사 직원이 친인척일지라도 정당한 이유 없이 수시로 납기기간 연장 등 부당한 요구를 하거나 이에 응해주는 것은 기업윤리에 위배된다.		
8. 상사가 자신의 친인척이 경영하는 업체와 거래하라고 압력을 넣는 것은 기업윤리에 위배된다.		

정답 1.O 2.X 3.X 4.X 5.X 6.X 7.O 8.O

Q. **협력사와 수의계약이 필요한 경우에는 어떻게 해야 하나요?**

A. 경쟁이나 입찰을 통하지 않고 상대편을 임의로 선택하여 체결하는 계약을 수의계약이라고 하는데, 특정 업체와의 수의계약은 특혜 제공 논란이 있을 수 있으므로 해서는 안 돼요. 만약 불가피한 사정으로 인해 수의계약을 해야 한다면 반드시 회사의 사전승인을 받은 후 진행하고, 품의서 등 관련 자료를 근거로 남겨두세요.

Q. **우호적인 관계라 업무추진이 쉬운 협력사와 기술력은 좋지만 다소 껄끄러운 관계에 있는 협력사 중 전자를 협력사로 선정했는데 윤리규범에 위배될까요?**

A. 우호적인 관계라는 판단기준이 개인적인 친분에서 나온 것이라면 문제가 있어요. 협력사는 회사에서 정한 공정하고 투명한 절차에 따라 선정하는 것이 바람직해요.

Q. **협력사 대표가 뇌물수수 및 환경관련법 위반 등으로 구속되었습니다. 회사 이미지를 생각해서 협력사를 바꿔도 될까요?**

A. 회사의 대외적 이미지를 훼손할 우려가 있다고 판단되면 협력사와 거래중지와 관련해 협의를 할 수 있어요. 다만 이러한 조치가 합법적으로 이루어지려면 회사의 각 사업부는 회사의 윤리적 방침과 원칙을 협력사에 충분히 주지시켜야 해요. 또한 사전에 계약약관의 계약해지 사유 중에 '불법 또는 부정행위로 인하여 사회적인 물의를 일으켰을 때 계약을 해지할 수 있다'는 조항을 명시해둘 필요가 있어요.

Q. **친인척 및 지인이 운영하는 업체와는 거래를 할 수 없나요?**

A. 임직원의 친인척이 운영하는 업체와의 거래 자체가 부정행위는 아니에요. 하지만 협력사를 선정하는 과정에서 업체평가를 소홀히 하거나 입찰정보 유출, 수의계약, 고가구매 등을 통한 부당한 거래는 부정행위(사리도모, 업체특혜)에 해당돼요. 또한 자신의 직위를 이용하여 구매·공사 담당자 등에게 친인척, 친지가 운영하는 업체와 거래할 것을 직간접적으로 지시하거나 청탁하는 것도 부정행위이므로 절대 해서는 안 돼요. 가격, 품질, 납기 등에 경쟁력이 있어 부득이 거래를 하게 될 경우에는 반드시 회사의 사전승인을 받고 업체평가 등의 프로세스를 준수하여 선정과정을 투명하게 하고, 관련 근거자료를 남겨두세요. 실무담당자는 상사나 동료가 특정 거래를 지시하거나 압력을 행사하더라도 원칙에 따라 처리해야 해요. 만약 이러한 지시를 받았다면 기업윤리 담당 팀에 통보해 불이익을

당하지 않도록 하세요.

협력사와의 공정거래

Q. **기존 협력사의 계약기간이 만료돼 시장조사를 해보니, 더 낮은 가격의 업체가 많더라고요. 기존의 협력사에게 그 수준으로 가격을 맞춰달라고 요구해도 되나요?**

A. 기업윤리에 위배되니 요구하지 마세요. 협력사와 공존·공영하기 위해서는 모든 업체가 공정한 경쟁을 하도록 해야 하고 공정한 기회를 주어야 해요. 사례와 같이 기존 협력사에게 가격을 맞추도록 하는 것은 다른 업체의 가격을 알려주는 비윤리적 행위에 해당되므로 정상적인 절차에 따라 협력사를 변경하는 것이 타당할 것으로 보이네요.

Q. **최근 매출이 줄고 영업환경이 급격히 악화되어 대리점에 추가적인 매입을 요청하려고 하는데, 문제가 될까요?**

A. 판매물량 떠넘기기는 대표적인 불공정 거래행위이므로 절대 해서는 안 돼요. 진정한 공동의 발전은 공정하게 거래하고 상대방의 입장을 존중할 때 이루어질 수 있어요. 나만의 일시적인 실적추구는 상대방에게 불편이나 부담을 전가하는 것임을 명심하세요. 더불어 유통기한이 지난

직매입 상품의 재고물량을 협력사에 반품시키거나 교환을 해달라고 요청하는 것도 판매물량을 협력사에 떠넘기는 행위라는 것을 알아두세요.

Q. **국내 정유사들과 '수입석유 대응T/F팀'을 만들어 석유류 제품 수입업자들의 가격덤핑에 공동으로 대응하고자 하는데, 윤리규범에 어긋나나요?**

A. 단순히 다른 사업자와 연대행위를 한다고 해서 부당한 공동행위라고 볼 수는 없지만, 이러한 행위로 인하여 경쟁이 감소되고 실질적인 시장지배력이 형성된다면 문제가 됩니다. 특히 사업자 간 합의가 있었다면 당연히 불공정 행위로 간주될 수 있어요. 윤리규범 중에서도 공정거래 관련 법규 및 사규는 매우 중요해요. 공정거래 관련 법규의 위반으로 해석될 가능성이 있다면 자의적으로 해석하여 의사결정을 하지 말고, 공정거래 또는 법무 담당 팀과 사전에 충분한 협의를 거쳐 처리해주세요.

Q. **신규 프로젝트를 수행하는 과정에서 해당 분야에 대한 전문성이 부족하여 특정 기업의 조언을 받았는데, 괜찮나요?**

A. 일부 특정 기업으로부터 집중적 조언을 받는 일은 자제하세요. 특정 기업으로부터 지속적인 자문을 받으면 추후 관련 업무를 수행할 때 공정성 시비가 일어날 수 있고, 회

사의 정보가 유출될 가능성이 있기 때문이에요. 대신 관련된 여러 업체들과 협의를 하도록 하세요. 그러면 해당 분야에 대한 전문적인 능력도 향상시킬 수 있음은 물론이고 공정성 시비로부터도 벗어날 수 있을 거예요.

Q. **협력사의 기술을 그 회사의 허락 없이 사용했어요. 문제가 되나요?**

A. 협력사의 기술이 회사를 위해 필요하다고 판단되면 정당한 대가를 지불하거나 협력사에게 양해를 구하고 이용하세요. 만일 협력사에서 곤란하다고 하면 그 기술을 이용해서는 안 돼요. 특히 협력사의 기술이나 인력을 개인적인 목적으로 무단 이용하면 더욱 위중한 비윤리 행위에 해당하므로 절대로 그러한 행동은 하지 마세요.

Q. **경쟁사에 친구가 있어 그 회사의 신사업 동향에 대한 정보를 얻으려고 하는데 공정거래법상 문제가 될까요?**

A. 경쟁사에 있는 친구로부터 직접적으로 받은 자료는 활용해서는 안 돼요. 최근 공정거래 요건이 강화되면서 담합과 직접 관련이 없는 경쟁사의 정보라 해도 경쟁사와 지속적인 의사 연락이 있었던 것으로 간주되거나 담합의 증거로 활용될 수 있기 때문이에요. 경쟁사 정보의 취득, 관리, 이용에는 절대적으로 유의해야 해요. 또한 경쟁사의

정보는 언론 등을 통해 공개된 것만 적법하게 취득·사용하고, 이를 보고·관리하고자 할 때는 그 출처를 분명히 기록해두세요.

Q. **제가 관리하는 협력사에 친척이 취직을 했는데, 납기기한 연장 및 입고가 인상 등을 자연스럽게 요구하네요. 어떻게 하지요?**

A. 우선은 '당사와 거래관계에 있는 협력사에 삼촌이 근무를 하고 있으며 본인 또한 관련된 업무를 수행하고 있다'는 사실을 회사에 공개하세요. 즉 조직의 리더에게 내용을 보고하고 이해관계 신고를 해야 해요. 조직의 리더는 이해상충의 내용을 합리적으로 판단하고 필요한 조치를 취할 의무가 있습니다. 이렇게 이해관계 사실을 보고한 이후에도 친척이 계속 공정한 업무처리나 직무의 수행이 어려울 정도로 부탁이나 요청을 해온다면 조직의 리더나 인력부서 또는 기업윤리 담당 팀에 본인의 '당해 직무 회피여부'에 대해 상담과 자문을 구하세요. 그 다음에는 조직의 리더나 관련 부서 또는 회사의 방침에 따라 처리하면 돼요.

TIP 이해관계 신고란?

사전 신고를 통해 이해관계의 상충을 방지하기 위한 제도로써 다음과 같은 경우에 해당한다면 신고가 필요하다.

- 임직원 또는 그 가족(배우자, 본인 및 배우자의 직계 존비속과 4촌 이내의 친인척)이 회사와 거래관계에 있는 법제지분의 전부 또는 일부를 직간접적으로 소유하는 경우

• 임직원의 가족이 회사와 거래하는 업체에 과장급 이상으로 고용되어 있는 경우
• 임직원의 가족이 임원으로 재직하고 있는 업체가 가까운 장래에 회사와 거래관계를 가질 것으로 예상되는 경우

Q. **협력사로부터 임원으로 임명해줄 테니 겸직을 해보지 않겠냐는 권유를 받았어요. 공정거래에 위배될 염려가 있으니 거절하는 게 맞겠죠?**

A. 당연히 거절해야 합니다. 협력사의 임원으로 겸직을 한다면 업무처리를 할 때 공정성이 크게 훼손되기 때문이에요. 겸직을 권유하는 이유는 대부분 회사의 내부동향을 파악하거나 거래상의 이익을 도모하기 위한 목적이에요. 따라서 임직원은 협력사의 권유를 적극적으로 거부해야 해요. 아울러 제의를 받았을 때 바로 그 내용을 기업윤리 담당 팀에 신고해야 해요.

5. 지분참여 및 주식투자

OX 셀프 진단

	O	X
1. 비상장 협력사에 지분투자를 해서는 안 된다.		
2. 회사와 거래 중인 상장기업에 미공개정보를 이용해 주식투자를 하는 것은 기업윤리에 위배된다.		
3. 협력사가 곧 상장할 거라는 소식을 듣고 주식을 미리 구입한다.		
4. 협력사 임원과 공동 투자하여 콘도 회원권을 구입한다.		
5. 협력사 임직원의 개인 소유 건물에 자금을 투자한다.		

정답 1.O 2.O 3.X 4.X 5.X

Q. **비상장 협력사나 회사에서 분사한 업체에 대한 지분투자를 왜 금지하나요?**

A. 간단히 말해 업무처리의 공정성을 잃을 수 있기 때문이에요. 업무상 관련이 있는 협력사의 지분을 취득할 경우 물량, 단가 등을 결정할 때 특혜를 제공하고자 하는 유혹에 빠질 수 있어요. 또한 분사업체의 경우는 자금, 기술, 인력 측면에서 혜택을 주고 싶은 마음이 들 수 있겠지요. 그러므로 공정한 업무처리를 위해 협력사나 분사업체에 지분투자를 해서는 안 돼요.

Q. **회사와 거래중인 상장기업에는 주식투자를 할 수 없나요?**

A. 회사와 거래 중인 상장기업에 주식투자를 하는 것에 대해 업종 또는 기업에 따라 금지하는 곳이 많아요. 허용하더라도 공개 정보를 통해 상장기업에 주식투자를 하는 것에 한하고, 직무상 취득한 미공개 정보를 이용해서 본인 및 타인의 명의로 주식을 매매하는 행위는 엄격히 금지하고 있습니다. 거래 중인 기업에 주식투자를 하는 것은 기업윤리에 있어 문제가 될 수 있어요. 개인의 이득을 위해 해당 기업에 특혜를 주는 등 공정성을 잃을 염려가 있기 때문이에요. 회사의 승인 없이 거래처의 주식이나 채권 등을 보유한 경우에는 윤리 담당 팀에 신고하여 그 절차에 따르도록 하세요.

Q. **전에 다니던 회사의 주식을 아직 보유하고 있는데, 지금 근무 중인 회사와 전 직장이 관련 협력사라는 걸 최근에 알았어요. 입사 전 보유한 주식인데, 처분해야 할까요?**

A. 회사의 승인 없이 협력사의 주식이나 채권 등을 보유한 경우에는 기업윤리 담당 팀이나 상담센터에 신고해야 해요. 보유주식의 종류, 비율, 직무 관련성 등을 감안하여 회사가 보유 승인 여부에 대해 판단한 후 이의 결정에 따르도록 하세요. 그리고 추후 업무처리의 공정성을 잃을 수 있으므로 협력사 및 이해관계자의 주식 등은 보유하지 않는 것이 좋다는 점도 명심해주세요.

협력사 자산 공동투자

Q. **협력사 사장이 회사를 코스닥에 상장시키기 전 장외에서 거래되고 있는 주식을 시가로 사라고 제안하는데, 사도 되나요?**

A. 비상장 주식을 구입하여 상장으로 인해 이득을 보는 행위는 절대 해서는 안 돼요. 더불어 이해관계자의 주식을 이해관계자의 권유나 강요에 의해 증여받거나 정상가격 이하로 매입하여 소유하는 행위는 명백한 비윤리 행위이므로 절대로 하지 마세요.

Q. **협력사 사장과 공동 투자하여 콘도 회원권을 구입하려고 하는데, 문제가 없나요?**

A. 문제가 되니 하지 마세요. 어떤 목적이든 간에 임직원 및 그 가족이 이해관계자와 자금을 공동 투자하여 동산·부동산을 공동으로 취득하는 경우에는 그 지분에 상당하는 금액을 이해관계자로부터 수취한 것으로 간주하기 때문이에요. 또한 임직원들끼리, 그리고 이해관계자와 금전거래를 하면 채무 불이행 문제가 불거질 가능성이 있고, 이로써 업무적 공정성을 잃을 수 있어요. 협력사 및 관계자와 공동 투자하여 콘도 회원권을 취득하는 것은 언뜻 생각하면 업무와 관련이 없는 것으로 판단할 수 있지만, 차후 부득이한 문제로 업무에 영향을 줄 수 있기 때문에 하지 말아야 해요.

Q. **협력사의 임원이 자신의 상가에 자금투자를 권하네요. 그래도 될까요?**

A. 해서는 안 돼요. 이해관계자와 공동투자를 해서 재산을 취득하는 행위와 동업으로 사업을 하는 행위는 금지되어 있어요. 정중히 거절하시고 그래도 강요할 경우엔 해당기업 기업윤리 담당 팀에 신고하세요.

Q. **저의 개인적인 투자 건에 거래처 담당자가 지분을 투자하고 싶다고 말하는데, 부담스럽네요.**

A. 투자에 참여시키지 마세요. 경우에 따라 개인적인 문제로 볼 수도 있지만, 이와 같은 요구는 지위를 이용한 부당한 강요로 작용할 수 있기 때문에 금지하고 있어요. 또한 무엇보다 공동투자로 인한 손해나 이익이 발생했을 때에 상호 배분 비율의 문제가 발생할 수 있고, 이로 인해 건전한 거래관계를 유지하는 데에도 어려움이 있을 수 있기 때문에 하지 않는 것이 바람직해요.

6. 금전거래

OX 셀프 진단

	O	X
1. 회사 상품권 대금을 개인계좌로 받아도 된다.		
2. 협력사 직원과의 금전거래는 모두 부당행위에 해당된다.		
3. 협력사 직원에게 돈을 빌리더라도 원금과 이자를 갚는다면 기업윤리에 위배되지 않는다.		
4. 협력사에 돈을 빌리는 행위는 그 상대가 친구일지라도 되도록 해서는 안 된다.		

정답 1.X 2.O 3.X 4.O

Q. **협력사에서 회사 상품권 100만 원어치를 사서 보내달라고 하네요. 그러면서 제 계좌로 돈을 보내주겠다는데, 어떻게 할까요?**

A. 이해관계자와는 금전거래를 비롯한 일체의 거래, 계약 등을 하지 말아야 해요. 특히 이 사례처럼 비록 상품권 대금이라고 해도 이를 개인 통장으로 받아서 회사에 입금하는 방식은, 회사의 상품을 팔고 그 대금을 직원 본인의 개인 통장으로 받는 것과 마찬가지예요. 이런 경우에는 정중하게 거절하고, 회사 명의의 계좌로 직접 입금하도록 양해를 구하세요.

Q. **아파트 전세 자금이 부족하여 협력사 직원에게 돈을 빌려 사용 후 원금과 이자를 갚고 있어요. 문제가 되나요?**

A. 네, 문제가 돼요. 아무리 협력사 직원이 자발적으로 돈을 빌려주었다 해도 이는 우월적 지위를 이용하여 부당하게 이득을 취한 것과 다르지 않기 때문이에요. 협력사 직원과 금전거래를 하는 행위, 동산이나 부동산에 대한 담보를 제공하거나 받는 행위는 모두 부당행위이므로 유의하세요.

Q. 개인적인 사정으로 협력사를 운영하는 친구에게 돈을 빌리려 합니다. 협력사이기 이전에 친구였는데 이것도 기업윤리에 어긋나나요?

A. 부득이한 경우 정상적인 금리를 주고 빌리는 것은 상관없어요. 여기서 문제가 되는 것은 '친구'라는 사실이 아니라 '다른 사람보다 특별한 혜택을 주느냐' 하는 것이거든요. 친구에게 업무와 연관하여 특혜를 주지 않는 것이 중요해요. 아무리 친한 친구일지라도 회사와 이해관계가 있는 협력사의 임직원에게 금전을 빌리는 행위는 자제해야 해요. 본인은 개인적으로 절친한 사람이니 문제가 되지 않는다고 생각할지도 모르지만 협력사 사장인 친구는 친구의 회사 또는 직무라는 우월적 지위 때문에 거절하지 못할 수도 있어요. 업무수행에 있어 불필요한 오해의 소지가 생길 수 있으니 빌리지 않는 것이 좋아요. 더불어 본인의 업무와 관련이 있는 협력사에 절친한 친구 또는 친인척이 대표이사로 있다면 이를 사전에 소속부서의 리더나 회사에 보고해야 해요.

Q. **거래처 담당자가 3,000만 원 정도 대출보증을 서달라고 하는데, 어떻게 하지요?**

A. 담당자에 대한 보증제공은 삼가세요. 보증을 받는 것도 경제적 이익을 보는 것이기 때문에 금지 대상이에요. 또한 지금 아무리 좋은 관계를 맺고 있다고 해도 보증에 의해 손해가 발생했을 때 담당자와의 신뢰가 무너질 수 있고, 업무상 건전한 거래관계에 있어 직간접적인 영향을 미칠 수 있어요. 흔히 형제간에도 보증은 서지 않는다고 하잖아요? 이해관계자 간의 보증수수는 그 의도가 순수하다고 할지라도 사회통념상 용인되기 어렵고, 더 복잡한 문제를 야기할 수 있다는 것을 명심하세요.

Q. **오랫동안 알고 지낸 거래처 담당자가 일주일 후에 돌려준다며 개인적으로 500만 원을 빌려달래요. 빌려줘도 되겠죠?**

A. 오랫동안 알고 지낸 분이라면 거절하기 어렵겠지만, 서로 돈을 빌리거나 빌려주지 않도록 해야 해요. 이해관계자와의 금전거래는 상호간에 금지되어 있어요. 더불어 자산을 임차하거나 담보를 제공받는 행위, 그리고 결제를 요구하는 행위도 서로 간에 해서는 안 되니 참고하세요.

Q. **업무상 알고 지내던 거래처 담당자가 서울 본사로 전출을 간대요. 마침 제게 서울에 빈 오피스텔이 있는데, 싸게 빌려줘도 되나요?**

A. 담당자와 부동산 거래는 하지 않는 것이 좋아요. 의도가 순수하고 개인적인 거래라고 해도 결국 담당자에게 부당한 혜택 내지 경제적 이익을 제공하는 것이기 때문이에요. 또한 내부에서 업무진단을 하는 과정에서 이와 같은 일이 발견될 경우 해당 임직원에게 불이익이 갈 수도 있음을 고려해주세요.

Q. **저희 회사 직원은 복리후생 차원에서 회사 제품을 반값에 살 수 있는데, 거래처 담당자가 자신도 그 값에 사게 해달라고 자꾸 부탁하네요. 그렇게 해도 되나요?**

A. 이와 같은 요구는 거절하세요. 임직원이 이해관계자에게 요구하여 할인구매 혜택을 받는 것도 일종의 경제적 이익을 보는 것으로 간주되어 금지하고 있어요. 또한 이 사례의 구매할인 혜택은 회사에 다니는 임직원에 대해서만 복리후생 차원에서 적용되는 것이기 때문에, 거래처 담당직원이 할인혜택을 받는 것은 회사의 내부지침을 위반하는 것으로도 볼 수 있어요. 그러므로 이러한 사정을 잘 설명하고 거절하도록 하세요.

오늘은 주요 고객사인 A업체에 제품을 납품하는 날이다. 밤새 공장을 돌려 나온 따끈따끈한 제품들이 업체로 배송되었고 이제 한숨 좀 돌리려던 이 과장. 어라? 그런데 제품에서 작은 결함이 발견되었다. 생산 과정에서 문제가 생겼던 것이다. 작은 실수라 고객사 담당자도 이 부분을 확인 못한 것 같다. 자기만 모른 척하면 아무도 눈치 못 챌 것 같은데……. 추후 이상이 발생했을 때 보고하면 안 될까?

제 3 장

이해관계자

이해관계자와 함께 구축하는 윤리문화

1. 해외에서의 기업윤리

OX 셀프 진단

	O	X
1. 기업의 위법에 따른 피해는 점차 개별 국가에 국한되지 않고 다른 나라에까지 영향을 미친다.		
2. 미국 회사가 사업의 수주를 위해 외국 공무원에게 뇌물을 주면 해외부패방지법에 저촉된다.		
3. 미국 해외부패방지법 적용 대상은 미국 시민만 해당된다.		
4. 사업상의 이득을 위해 외국 정당 직원에게 금전을 제공하는 것은 문제되지 않는다.		
5. 미국 해외부패방지법상 회계 관련 조항은 고의성이 있어야만 처벌이 가능하다.		
6. 미국 해외부패방지법은 다국적기업 외에 중소기업으로도 수사영역을 확대하고 있다.		
7. 고의성, 적극적 행위 입증 없이도 영국 뇌물수수법에 저촉될 수 있다.		
8. 영국 뇌물수수법에서는 급행료나 떡값을 받는 것도 위법행위에 해당된다.		
9. 사실상 미국과 유럽의 글로벌 기업은 영국 뇌물수수법의 적용을 받는다.		

정답 1.O 2.O 3.X 4.X 5.X 6.O 7.O 8.O 9.O

Q. 기업의 반부패 및 기업윤리의 세계적 추세는 어떠한가요?

A. 세계 경제가 개방화·글로벌화되면서 기업의 위법에 따른 피해는 개별 국가에 국한되지 않고, 다른 나라에도 영향을 미치고 있어요. 그래서 국제사회는 OECD 뇌물방지협약, UN 반부패협약, TI 부패인식지수, ISO 26000과 같은 반부패 관련 협약 및 규범을 구축하고, 각 나라가 관련 협약 및 규범을 체계적으로 이행하는지를 점검하고 독려하는 등 국제적 차원에서 부패방지를 위해 노력을 기울이고 있어요. 최근 유럽의 경우 반부패 협약이나 기준을 위반한 외국 기업들의 대외적 평판이 떨어지고 현지 관련 단체들이 항의를 하여 영업환경이 나빠지는 일이 더러 발생하고 있어요. 그만큼 반부패 관련 협약 및 규약이 실제적으로 영향력을 발휘하고 있다는 의미겠지요. 최근에는 일부 국가에서 이러한 협약 및 규약을 어길 경우 정부 조달사업의 입찰 자격을 제한할 구상도 가지고 있어, 장기적으로 영업환경에 큰 영향을 미칠 수 있어요.

TIP 국제기구별 기업윤리 기준

[OECD – 뇌물방지협약(1997)]

▶ 국제상거래에서 외국공무원에 대한 뇌물공여 행위를 범죄화하는 법적 기준 확립. 일명 부패라운드(CR: corruption round)라고도 하며, OECD 가입의 선결 조건임

* OECD뇌물방지협약의 정식명칭은 '국제상거래에서 외국공무원에 대한 뇌물방지에 관한 협약(OECD Convention on Combating Bribery of Foreign Public Officials in International Business Transactions)'

* OECD 비회원국(4개국) 포함 40개국이 서명하고 한국(1999)을 비롯한 39개국이 비준

* 우리나라는 이 협약의 이행법률인 '국제상거래에서 외국공무원에 대한 뇌물방지법'을 1998년 제정하고 1999년 2월에 발효

[UN- 반부패협약(2003)]

▶ 체결 당사국은 협약을 이행할 의무가 있으며 이는 자국의 법률, 제도, 관행에 영향을 미칠 수 있음

▶ 주요 내용은 반부패기구 창설 또는 선거·정당 재정의 투명성 강화 등 공공·민간 분야를 아우르는 다각적 부패방지 대책 수립, 광범위한 부패 행위에 대한 국내법상 범죄 규정, 뇌물·횡령·돈세탁 등을 불법화하는 법률 채택, 부패 방조나 관련 수사를 방해하는 행위의 범죄성 명시, 정치 지도자가 수탈한 국가 자산의 차기 정부 환수 규정 명문화, 부패행위의 방지, 조사 및 기소를 위한 국제 공조 등임

* 2003년 10월 31일 유엔총회결의(58/4)로 협약을 채택했고 12월 9일을 '세계 반부패의 날'로 지정

* 2013년 10월 기준, 한국을 비롯한 140개국(독일, 일본, 뉴질랜드 등 8개국을 제외한 132개국 비준) 및 국가연합(EU 등)을 포함해 총 163개국이 있음

[TI(국제투명성기구) – 부패인식지수(CPI)(1995~)]

▶ 공무원과 정치인 사이에 부패가 어느 정도 존재하는지에 대한 인식의 정도를 수치화하여 국가별 순위를 매년 발표함

* 세계은행, 국제경영개발원 등 7개 기구가 설문조사를 거친 결과를 취합하여 분석 발표

[TI(국제투명성기구) – 뇌물공여지수(BPI)(1999~)]

▶ 주요 수출국 기업들이 수출대상인 신흥시장국의 고위공무원 등에게 뇌물을 줄 가능성이 어느 정도인가를 설문조사해 작성한 지표임

* 뇌물을 받는 쪽에 초점을 둔 부패인식지수를 보완하는 차원에서 발표

[ISO(국제표준화기구) – ISO26000(2010)]

▶ 국제표준화기구(ISO)가 기업의 사회적 책임의 체계적 실천을 위해 7대 의제를 사회적 책임 이슈로 규정한 국제표준임

* 7대 의제: 지배구조 개선, 인권, 노동관행, 환경, 공정운영관행, 소비자 이슈, 공동체의 사회·경제 발전

* 7대 의제 중 '공정운영관행'은 부패·뇌물·갈취 행위 저지, 보복 없는 고발제도 마련, 투명한 로비, 윤리·환경·평등에 관한 기준이 구매·분배·계약 정책에 얼마나 통합됐는지를 고려

Q. 해외 규범 중 강제성이 있는 것은 무엇인가요?

A. 미국 해외부패방지법(FCPA)과 영국 뇌물수수법은 실제 기소와 처벌이 이루어지고 있어 현재 기업에 실질적이고 직접적인 영향을 줄 수 있어요. 반면, OECD 뇌물방지협약, UN 반부패협약, TI 부패인식지수, ISO 26000과 같은 협약 및 규범은 처벌 등의 강제적 규제는 따로 없어요.

미국의 기업윤리

Q. 미국 해외부패방지법(FCPA)이란 무엇인가요?

A. 1970년대 미국 증권거래위원회(SEC)의 조사에서 400개 이상의 상장기업이 외국 공무원·정치인·정당에 뇌물을 공여하고 분식회계를 한 것이 드러났어요. 이에 따라 1977년 제정·시행된 미국 연방법이 바로 '미국 해외부패방지법(FCPA, Foreign Corrupt Practices Act)'이에요. 해외부패방지법 적용 대상자들이 상거래 관련 증권거래법에 따른 회계투명성을 준수할 것, 사업의 수주·유지 등의 목적으로 외국 공무원·정치인·정당에 직간접적인 뇌물공여를 하지 말 것을 주요 내용으로 하고 있으며, 이 법을 위반하면 뇌물공여를 한 회사는 건당 200만 달러 이하의 벌금형을 받고 개인은 5년 이하의 징역 및 10만 달러 이하의 벌금형을 받을 수 있어요. 또한 회계부정의 경우 회사는 2,500만 달러 이하의 벌금형, 개인은 20년 이하의 징역형 또는 500만 달러

이하의 벌금형을 받을 수 있답니다. 검찰이나 민사소송을 제기할 경우 회사에 건당 1만 달러 이하의 벌금이 부과될 수 있고, 추가로 미국증권거래위원회(SEC)는 뇌물공여에 따른 금전상 이익의 총액 또는 개인의 경우 10만 달러 이하, 회사의 경우 50만 달러 이하의 금액을 과징금으로 부과할 수 있어요.

Q. **미국 해외부패방지법의 적용을 받는 대상은 누구인가요?**

A. 미국 해외부패방지법의 적용 대상은 그 범위가 매우 넓어요. 그래서 미국 정부의 광범위한 관할권 행사가 가능하답니다.

· 미국 국민 또는 영주권자
· 미국 회사 : 미국에서 설립되거나 미국에 주된 사업장을 두고 있는 자
· 미국 issuer : 미국 시장에서 거래되는 증권을 발행했거나 증권거래위원회(SEC)에 보고의무가 있는 외국 회사
· 부패행위 당시 미국 내에 소재한 외국 국민 및 법인
· 위 회사들의 이사, 임직원, 에이전트 및 회사를 대리하는 주주

예를 들어, A사의 주식이 미국증권거래소에 상장되어 있을 경우 A사의 계열사 및 자회사뿐만 아니라 제3자 에이전트 또한 해외부패방지법 규정을 지켜야 해요. 지키지 않을 경우 A사가 벌금을 낼 뿐만 아니라 해당 개인이 징역 또는 벌금형을 받을 수 있으니 유의하세요.

Q. **미국 해외부패방지법상 뇌물제공금지 규정 내용은 무엇인가요?**

A. 해외부패방지법 적용 대상자가 아래 규정된 외국 공무원에게 사업 수주·유지, 특정인과 회사에 사업기회 부여, 혹은 부적절한 '사업상 이익'을 확보하기 위해 금전 또는 유가물을 제공하는 행위를 하거나 이를 약속·제의·승인하는 행위를 금지하는 것을 주요 내용으로 하고 있어요. 또한 뇌물제공 사실을 묵인하거나 이상 징후를 모른 척한 경우에도 책임이 따라요.

[공무원의 범위]

- 지방, 시, 도, 주 또는 연방 정부(또는 정부의 부서, 정부기관 또는 공공기관)의 공무원 및 공식 대리인
- 국영기업 및 국책기업의 임직원
- 공공 국제단체의 임직원(ex. UN, 세계은행 등)
- 정당 직원 및 공직 후보자

[사업상 이익의 범위]

- 비자, 통관, 세무, 인허가 등 행정적 편의 또는 특혜의 부여, 고용의 약속 또는 개인적 편익 등을 포함

[유가물의 범위]

- 금전 및 선물
- 식사 및 접대
- 주식
- 여행경비 지급
- 일반 대중에게 제공되지 않는 제품 및 서비스에 대한 할인
- 정치 헌금
- 채무의 인수 또는 면제

참고로 유가물은 매우 광범위하기 때문에 위 내용에만 한정되지 않는다는 것을 알아두세요. 뇌물공여 행위는 외국 공무원으로 하여금 자신의 공적 지위를 남용하여 부적절한 이익을 제공하도록 하려는 의도를 가지고 유가물을 지급하려는 경우에 성립되며, 급행료, 떡값(grease money), 사업홍보에 직접 관련된 비용(여행경비 포함)은 뇌물로 간주되지 않아요. 단, 이러한 경우에도 주 법률 또는 지방 조례에 따른 처벌은 가능하니 주의하세요.

Q. 미국 해외부패방지법상 회계 관련 조항 내용은 무엇인가요?

A. 모든 회계장부 및 기록에 정확하게 기재를 해야 하며, 충분한 내부통제 기능이 수립·시행되어야 해요. 미국 회사들은 외국에 있는 자회사들이 회계기준을 충실히 따르도록 지도·감독합니다. 회계 관련 조항은 뇌물 관련 조항과 달리 고의성이 없어도 처벌이 가능하다는 것을 참고하세요.

Q. 미국 해외부패방지법 관련 최근 이슈는 무엇인가요?

A. 해외부패방지법에 의해 조사를 받는 기업의 수는 급격히 증가하고 있고, 외국 기업에 대한 수사를 확대하는 추세예요. 근래에 이 법과 관련되어 화제가 된 쟁점은 다음과 같은 것들이 있어요.

- 2009년 이후 미국 법무부와 증권거래위원회가 적발한 해외부패방지법 위반 건수는 총 185건으로 20억 달러 이상의 벌금을 부과
- OECD 협약 회원국들의 보다 활발한 집행 노력을 유도하는 한편, 자국의 사법 관할권을 적극적으로 해석, 특히 집행 실적이 저조한 국가의 기업에 대해 적극 수사
- 다국적기업 외에 중소기업으로도 수사영역 확대, 기업에 대한 처벌 외에도 범행에 가담한 기업의 고위임원을 엄중 처벌할 필요가 있다는 인식하에 개인을 수사하여 기소하는 사례 증가
- 2009~2010년경부터 의료기기, 석유·가스 등 단발적인 사건을 통해 부패구조가 드러난 특정 산업부문을 겨냥한 집중수사 강화
- 글로벌 기업들의 경우 임직원, 에이전트 등의 위법행위로 인한 회사의 처벌이나 평판 추락을 방지하기 위해 해외부패방지법 준수 가이드라인 및 외국 공무원에 대한 지급 관련 정책(필요시 사전 확인절차 등) 수립, 직원 정기교육, 뇌물공여 의혹 신고채널 설치, 고용계약이나 용역계약에 해외부패방지법 준수조항 추가 등의 예방 조치를 확대

Q. 미국 해외부패방지법상 일반적으로 통용되고 있는 급행료와 뇌물의 기준은?

A. 정해진 가이드라인은 없으며, 실무에서 급행료는 없다고 생각하는 것이 더 좋아요. 2009년 OECD 뇌물방지협의회에서 급행료 폐지를 권고했었고, 미국도 실질적으로 이를 적용하고 있지 않고 있어요. 영국은 급행료 조항이 아예 없고요. 우리나라도 급행료 폐지를 검토하고 있으므로 실무에서는 없다고 생각하는 것이 맞겠네요.

Q. **모기업은 미국에 상장되어 있으나 자기업은 미국에 상장되어 있지 않고 사업을 하고 있지도 않는데, 그래도 미국 해외부패방지법에 걸리나요?**

A. 자기업이 미국에 상장되어 있는 모기업과 지분관계가 90% 이상이라면 해외부패방지법에 걸릴 확률이 높아요. 미국에서 이뤄지는 비즈니스는 모두 미국의 수사 대상에 해당되기 때문이지요. 미국은 자국내 비즈니스 유무도 중요한 이유 중 하나지만 수사를 해서 얻을 수 있는 실효성에 대해 먼저 판단하고 수사에 착수하고 있어요.

Q. **네덜란드에서는 형사상 벌금 처벌을 받았는데, 미국에서는 민사상 처벌을 받았어요. 이렇게 다른 기준으로 처벌을 받는 것이 가능한가요?**

A. 네, 가능해요. 형사상 불법행위로 벌금을 내야 하는 국가, 민사상 불법행위로 처벌을 받아야 하는 국가는 제각각이며, 기본적으로 벌금과 민사상 불법행위 처벌은 다릅니다. 우리나라는 형사적인 책임에 초점이 맞춰져 있는 반면, 미국은 형사·행정·민사별로 책임이 나눠져 있으며 입증 정도의 차이에 따라 어떤 것이 효율적인 제재방법인지를 판단한 후 선택해 처벌하고 있어요.

Q. 영국 뇌물수수법이란 무엇인가요?

A. 영국의 뇌물수수법(Bribery Act)은 미국 해외부패방지법(FCPA)보다 강력한 부패방지 법안이에요. 세계에서 적용범위가 가장 넓은 것으로 알려져 있지요. 2010년 4월에 의회를 통과했으나 영국 기업들의 경쟁력이 저하될 수 있다는 우려의 의견이 있어 시행이 연기되었다가 2011년 7월 1일에 발효되었어요. 영국 뇌물수수법은 다음과 같은 내용을 담고 있어요.

- 고의성, 적극적 행위 입증이 불필요하고, 임직원, 에이전트, 자회사, 관련자(제3자)의 뇌물수수행위는 회사의 행위로 간주됨
- 뇌물수수 적발시 개인은 10년 이하의 징역 또는 무제한적 벌금형, 회사는 무제한적 벌금형을 받게 되며, 유죄 판결을 받은 개인 또는 회사에 대한 자산몰수도 가능하고, 회사는 정부조달 참여가 금지되며 이사가 유죄판결을 받을 경우 이사 선임자격이 박탈되는 등의 강력한 조치가 뒤따름
- 영국 기업의 본사 및 자회사, 영국에 소재한 외국 기업(영국 및 제3국 공무원에 대한 뇌물공여), 해외에 소재하면서 영국에서 사업(또는 일부 사업)을 영위하는 '밀접한 관련(close connection)'이 있는 모든 개인(영국 국민, 영주권자, 영국법상 보호를 받는 자)과 법인의 뇌물수수행위에 대해 영국의 사법관할권이 적용됨(단, 검찰은 경미한 처벌이 예상되거나 피해가 경미한 1회성 위반사안, 위법 행위자의 적극적 개선 노력 경주, 적극적이고 자발적인 신고절차를 통해 외국 공무원에 대한 뇌물공여가 밝혀지거나 공여자가 사회적 약자로 공무원의 요구가 있었던 경우 등 공익적 요인을 감안하여 형사소추를 하지 않을 수도 있음)
- 포괄적 뇌물금지를 위해 기존의 법률 및 판례의 '부패했거나 부정직하게 이루어진 행위' 요건을 삭제

Q. 영국 뇌물수수법상 주요 위반행위는 무엇인가요?

A. 위반행위는 다음과 같아요.

- 타인을 뇌물로 매수(능동적 뇌물공여)하거나 뇌물을 받는 행위(수동적 뇌물수수) 등 두 가지 총괄적 범법 행위, 외국 공무원에 대한 뇌물공여, 회사와 관련된 자의 뇌물공여행위를 방지하지 못한 회사(및 고위 임원 또는 이사)의 형사책임 등이 있음
- 미국 해외부패방지법에서 허용된 급행료, 떡값 등도 뇌물로 간주되며(기존 영국 판례와 동일), 뇌물수수가 적법하게 인정되는 국가에서 발생하는 뇌물수수도 처벌 대상임(해외부패방지법에서는 처벌하지 않음)
- 회사의 뇌물수수 행위가 고위 임원의 동의 내지 묵인 하에 이루어진 것으로 입증될 경우 해당 임원도 형사책임이 있음

TIP 뇌물수수법 위반행위(영국 법무부 사례)

- 입찰 전 자격심사와 입찰과정에 개입할 목적으로 네트워크와 전문성을 갖춘 컨설턴트(전직 공무원 등)를 고용하는 경우(공정한 보수를 지급하고 컨설턴트의 외국 공무원 접촉을 적절히 감독한 경우는 예외)
- 협력사 및 공무원들에 대한 감사의 표시로 문화체육 행사티켓 지급, 고가의 식사 등을 포함한 연례행사 개최(사기업과 동일한 여행 및 숙박비 비용 조건(회사 전액 부담 또는 개인 부담)으로 공무원이 참석한 경우 예외 가능)한 경우
- 희귀약품이나 고가의 약품 수입 담당 공무원이 회사의 기부가 라이선스 승인에 긍정적 영향을 미칠 것이라고 발언한 뒤 추천한 자선기관에 금품 또는 해당 약품을 기부한 경우

Q. 영국 뇌물수수법상 뇌물공여금지 규정 내용은 무엇인가요?

A. 뇌물수수법은 '관련 기능 또는 활동'을 '부적절하게 수행'하는 댓가로 다른 사람에게 '재정적 또는 다른 혜택'을

주기로 제안, 제공 또는 제공하기로 약속하는 것을 뇌물 수수로 정의하고, 아래 4개 행위에 대한 처벌을 규정하고 있어요.

① Active Bribery: 회사의 사업과 관련하여 제3자에게 재정적 또는 다른 혜택을 제안·약속·제공한 경우

② Passive Bribery: 회사의 사업과 관련하여 제3자로부터 재정적 또는 다른 혜택을 요구하거나 받거나 받기로 동의한 경우

③ Bribery of foreign public officials: 외국공무원에 대한 뇌물 공여행위

- 국내·해외 공무원에게 뇌물을 제공하는 경우뿐만 아니라 사인에게 뇌물을 제공하는 경우도 처벌

④ Bribery committed on behalf of a company : 제3자가 회사를 대리하여 또는 회사의 이익을 위해 행한 뇌물 수수행위

- 회사가 회사를 위하여 또는 회사 명의로 뇌물이 지급되는 것을 방지하지 못한 경우 처벌(회사 내 적절한 절차의 부재)

위 규정에 사용된 용어는 아래와 같이 정의되어 있어요.

- 제공 및 요구: 명시적 제공 또는 요구 없이 정황상 유추 가능한 경우, 실제 뇌물 제공이 이루어지지 않은 경우도 처벌 대상임(뇌물수수법은 결과가 아니라 행위에 초점을 맞춤)
- 재정적 또는 다른 혜택: 법률에 용어 정의가 없어 상식적 수준으로 해석됨
- 관련 기능 또는 활동: 민간 또는 공적 영역을 막론하고 공공성을 갖는 일체의 기능·사업·거래·직업과 관련된 일체의 활동, 직무상 이루어지는 일체의 행위 또는 일군의 사람들에 의해 또는 이들을 대리해 이행되는 일체의 행위
- 부적절한 업무수행: 신의성실, 공정성, 신뢰의 원칙에 위배되는 업무 수행
- 관련자(associated person): 회사와의 관계가 아니라 제3자가 행한 행위의 성격으로 관련자 여부가 결정됨(합작투자 파트너, 하청업체, 에이전트, 시공사, 용역업체, 컨설턴트 등에 해당)

회사 관련자의 외국공무원 뇌물 공여로 회사의 사업 취득·유지·확보가 이루어졌다면 '회사가 몰랐더라도' 책임 소지가 있답니다.

뇌물 방지를 위해 회사 내 "적절한 절차(adequate procedure)"를 확립·시행할 경우 회사에 대한 형사책임이 면제·경감되며(입증 책임은 회사가 부담), 이 경우 법원은 개별 절차가 아니라 회사의 전반적 정황을 살펴 적절한 절차 여부를 판단해요. 영국 법무부가 공표한 지침에 따르면 적절한 절차의 요건은 아래와 같아요.

① the need for proportionate procedures
② top (board) level commitment
③ risk assessment
④ due diligence
⑤ communication and training
⑥ monitoring and review

아래는 적절한 절차의 구체적 예시예요.

① 회사 뇌물수수방지 지침 수립 및 책자 배포·비치
② 해외 지사 및 사무소의 회사 지침 준수 관련 연례 보고
③ 고위 경영진의 뇌물수수 방지절차 및 회사 내 전파 의무 이행, 정례 교육 이수
④ 해당 부서 직원의 준수 약정 매년 서명, 신입 직원 뇌물수수 방지 교육 의무화
⑤ 뇌물수수 리스크의 지속적 분석, 문서화, 분석보고서 연례 검토 및 수정

⑥ 회사 관련자에 대한 뇌물수수 관련 실사(due diligence) 도구 제공 및 시행, 교육 시행

⑦ 뇌물수수 의혹 시 내부자 고발 절차 및 뇌물수수 사건 발생 시 보고 hotline 정립

⑧ 모든 계약서에 뇌물수수 방지 의무 조항 삽입

Q. 영국 뇌물수수법 관련 최근 이슈는 무엇인가요?

A. 영국 뇌물수수법은 영국 기업의 전 세계 계열사, 영국 내에 사업장을 둔 외국 기업을 대상으로 하고(예를 들어 영국에 소매점을 둔 독일 회사가 스페인에서 뇌물을 공여한 경우 영국에서 형사처벌 가능) 해외 본사나 자회사가 뇌물수수와 관련해서 조사를 받을 경우 영국 검찰이 영국 내 사업장에 대해 인지수사를 개시할 수 있어요. 그래서 원칙적으로 미국과 유럽의 글로벌 기업들이 위 법률의 적용을 받을 수 있다는 전제하에 법률제정 단계부터 대책을 준비하여 2011년 7월 발효 전후로 '적절한 절차'의 수립을 완료하였어요. 뇌물수수법에 따라 최초로 기소된 사건은 교통위반 사건을 무마해주는 조건으로 500파운드를 받은 영국 법원 공무원이었어요. 애초에 법무부는 자발적인 뇌물수수 신고사안은 가능하면 민사로 처리한다는 방침을 가지고 있었는데, 법무부 담당 부서인 중대사건조사국(SFO, Serious Fraud Office)은 기존 방침을 바꾸어 이 사건에 뇌물수수법을 적용하여 형사처리할 것을 발표했지요. 이처럼 영국 법무부는 지속적으로 엄정한 법 집행을 강조하고 있어요. .

Q. **영국 뇌물수수법이 중소기업에게 과도한 부담이 되지 않나요?**

A. 최근 뇌물수수법 준수를 위한 비용이 중소기업에 과도한 부담이 되고 있다는 문제가 제기되기도 했지만, 기업의 규모와 상관없이 뇌물수수법을 지켜야할 것 같네요. 2013년 5월 영국 상원 중소기업위원회(House of Lords Select Committee on Small and Medium Enterprises)가 법안의 조기 재검토를 권고해 영국 내에서 재검토 필요성에 대해 논란이 일어났는데, 행정부가 검토한 결과 입법 후 3~5년 이내로 규정된 재검토 시기를 앞당길 만큼 중대하게 기업이 기소된 사건이 없다는 이유로 이러한 권고를 거절했다고 해요.

일본의 기업윤리

Q. **일본에서 해외 근무를 하고 있는데, 여기는 명절에 선물을 주고받는 것이 문화라서 선물을 거절하기가 쉽지 않아요. 어떻게 해야 하나요?**

A. 원칙적으로는 명절에 그 어떤 선물을 받는 것이 금지되어 있지만, 이처럼 국내가 아닌 해외의 경우 그 나라의 관습과 문화를 따라도 되리라 생각해요. 다만, 그 나라의 법에 저촉되지 않는 선에서요. 이 경우 받은 선물에 대해 정확하게 해당 지역 장에게 신고한 후 수령하세요.

2. 외부 강연 요청

OX 셀프 진단

	O	X
1. 일회성 강연일지라도 특정 단체에 등록되어 강연료를 지급받는다면 대외활동에 해당된다.		
2. 외부에서 강의 요청이 들어오면 회사의 승인을 받고 출강해야 한다.		
3. 대외에서 회사의 신기술이나 중요 정보에 대해 발표할 때에는 회사를 홍보할 수 있는 기회이므로 따로 승인을 받지 않아도 된다.		
4. 사외 출강 강사료를 개인적으로 받는 것은 문제가 될 수 있다.		

정답 1.O 2.O 3.X 4.O

Q. **특정 기관의 초청으로 강연을 하고 강사료를 지급 받는 경우도 대외활동에 해당되나요?**

A. 강연이 일회성 또는 단발성으로 끝날 경우는 대외활동으로 보기 어렵지만 '대중매체 등과의 접촉원칙'에 해당되기 때문에 소속 부서장에게 해당 내용을 보고해야 해요. 다만 일회성 강연이라도 주기적, 고정적으로 강연을 하게 되거나 특정 단체 등에 등록되어 강연료를 지급받으며 수시로 강연을 한다면 대외활동에 해당되므로 소속 부서장, 인사담당 부서장, 기업윤리 담당 팀을 경유하여 대표이사의 사전승인을 받는 것이 좋아요.

Q. **외부로부터 강의 요청을 받으면 어떻게 해야 하나요?**

A. 사전에 회사의 승인을 받고 출강하도록 하세요. 또한 승인을 받을 때 강사료 등 금전적 대가를 어떻게 처리할지에 관한 지침도 함께 확인받으세요.

Q. **타 기업으로부터 회사의 투자, 기술개발, 미래계획 등의 주제로 강연 요청을 받았어요. 이러한 초청에는 어떻게 대응해야 하나요?**

A. 대외의 세미나, 강연 등에서 발표하는 회사자료는 사내 관련 부서의 검토와 승인을 거쳐야 해요. 특히 회사의 신기술이나 중요 정보에 대해 발표할 때에는 반드시 관련 부서의 자료 검토를 거치고, 사내 정보관리 부서의 사전 승인을 받으세요. 비록 순수한 학문적 성격의 세미나이고 회사를 홍보할 수 있는 기회라고 해도, 회사의 중요한 지적 자산이 유출될 수 있기 때문이에요.

Q. **A협회에서 강의 요청을 받았어요. 요청을 수락해도 직무수행에 큰 지장을 주지는 않을 것 같은데, 수락해도 되나요?**

A. 외부의 기관이나 협회 등으로부터 세미나·공청회·토론회·발표회·심포지엄·교육·강의·강연 등의 요청을 받았을 때, 구성원은 다른 법적인 규제에 의해 금지되거나 직무수행에 있어 이해관계가 상충되지 않으면 외부일지라도 강의할 수 있어요. 다만 이러한 강의를 하고자 할 때는 소속부서 리더의 사전승인을 받아야 하고, 승인하는 자는 강의가 직무수행에 지장을 주지 않고 업무상 비밀과 정보를 누출할 위험성이 없다고 판단될 때 이를 승인할 수 있어요. 이때 받는 강의료는 교통비 등 실비 수준의 보상이라면 개인적으로 수수할 수 있지만, 해당 강의 준비 및 강의가 업무시간 중에 이루어졌고 강의 준비를 위해 회사의 유무형 자산을 활용하였다면 회사의 수익으로 정산하는 것이 바람직해요.

Q. 출강 제의가 있어서 관련 부서의 사전승인을 얻어 강의를 했어요. 그런데 뜻하지 않게 강사료를 받아 팀장 보고 후 회식비로 처리했는데, 괜찮나요?

A. 사외 출강 강사료를 개인적으로 받는 것은 문제가 될 수 있어요. 강의 대가가 과다할 경우 윤리적으로 문제가 될 소지가 있기 때문이지요. 공공기관이나 이해관계자 등에 출강하는 경우 공공성과 동반성장 차원에서 강사료를 받지 않는 것을 원칙으로 하는 곳도 있지만, 회사 방침을 벗어나지 않는 수준의 강의료는 허용하는 곳도 있습니다. 단, 업무시간에 강의 및 강의준비가 이뤄졌고 강의 준비를 위해 회사자산을 활용했다면 개인 수수는 문제될 수 있어요. 위 사례의 경우, 불가피하게 강사료를 받았다면 팀장에게 보고하고 기업윤리 담당 팀에 신고하여 윤리지침에 따르세요. 기업윤리 담당 팀은 이러한 강사료를 회사 명의로 사회복지단체나 자매결연세대 등에 기증할 수 있어요.

기업사례

외부 강연료도 사회봉사활동에 씁니다.

포스코는 사회공헌 차원에서 임직원들이 외부 강의 후 받는 강사료를 전액 사회봉사활동에 쓰기로 정하고, 이를 위해 '사외 출강기준'을 마련했다. 그 내용은 공공기관과 이해관계자 등에 출강하는 경우 공공성을 감안해 강사료를 받지 않고, 출강 요청기관이 영리 목적의 기관이거나 회사와 이해관계가 없는 일반기업인 경우에만 강사료를 받도록 하며, 강사료는 당연히 개인 사용이 금지된다. 강연료의 사용은 출강자가 기부대상을 지정한 경우는 지정 기관에 기탁하고, 그렇지 않은 경우에는 사회봉사기금으로 적립토록 하고 있다.

3. 내부신고

OX 셀프 진단

	O	X
1. 내부신고는 회사를 보호하고 사고를 미연에 방지하기 위한 제도이다.		
2. 제보의 동기가 회사를 위한 순수한 목적이라면 이는 '정당한 제보'이다.		
3. 내부신고는 신분 노출의 위험이 있으므로 익명으로 제보해야 한다.		
4. 직속상관의 비리를 발견할 시 기업윤리 담당 팀에 제보해야 한다.		
5. 허위신고 역시 징계 대상이다.		
6. 하위직급자의 비윤리 행위는 부서장에게는 책임이 없다.		
7. 제보 후 불이익을 받을 경우 기업윤리 담당 팀에 시정을 요구해야 한다.		
8. 외부 이해관계자도 제보 시 신분 보호 대상이다.		

정답 1.O 2.O 3.X 4.O 5.O 6.X 7.O 8.O

Q. **내부신고는 임직원들 사이에 불신을 조장하는 제도인 것 같아요. 정말 필요한 제도인가요?**

A. 내부신고 제도는 반드시 필요해요. 부정과 불법을 용인하는 것을 신뢰와 협력으로 미화하면 안 되지 않을까요? 신고 행위가 동료나 상사를 배신하는 것이 아니라 동료와 회사를 보호하고 사고를 미연에 막는 행동이라는 발상의 전환이 필요해요. 내부신고 제도의 목적은 잘못한 사람을 적발하여 벌주기 위한 것이 아니라 위험을 미리 감지해서 더 큰 위기가 닥치기 전에 신속히 조치하려는 데 있어요. 따라서 내부제보가 있어야 회사는 조직 내 윤리 문제를 파악하고 이에 대한 윤리적 의사결정을 내릴 수 있습니다. 그러므로 실질적으로 기업윤리를 준수하기 위해서는 임직원의 적극적인 제보가 반드시 필요해요.

Q. **그렇다면 내부신고 제는 반드시 지켜야 하는 의무인가요?**

A. 그렇습니다. 모든 임직원은 윤리규범을 위반하는 행위를 강요받거나 이를 인지한 경우 객관적 사실에 근거해 기업윤리 담당부서에 신고해야 할 의무가 있어요. 비록 본인이 비윤리 행위를 하지 않더라도 동료나 상사의 비윤리 행위를 목격하고 인지하고 있음에도 불구하고 신고하지 않으면 징계의 대상이 될 수 있어요. 위법하고 부당한 행

위를 알면서도 제보를 하지 않는 것 역시 회사의 윤리규범에 위배되며 회사에 피해를 입히는 행위로 간주된다는 것을 명심하세요.

내부신고 적용 범위

Q. **어떤 행위에 대해 신고할 수 있나요?**

A. 다음과 같은 사항에 대해 신고가 가능해요.

1. 윤리강령에 위배되는 사항
2. 범죄행위
3. 위법 또는 부당한 업무처리로 회사에 피해를 입히는 행위
4. 업무와 관련된 상사의 위법 또는 부당한 지시 행위

그 외에도 기업윤리 준수와 정착에 도움이 된다면 어떠한 제안이나 신고도 가능해요.

Q. **윤리강령 선포 이전에 발생한 위반 사실도 내부신고 적용 대상이 되나요?**

A. 과거의 일을 특별히 문제 삼지는 않습니다. 다만 그 행위의 결과가 지금까지도 계속 영향을 주고 있다면 문제가 될 수 있어요. 그러므로 문제가 될 만한 사항을 조속히 해결하세요.

Q. 위반행위는 어떤 사람들이 신고할 수 있나요?

A. 아래의 사람들이 신고자가 될 수 있어요.

- 임직원
- 회사의 고객
- 회사에 공사, 납품 또는 용역을 제공하는 회사와 그 임직원
- 위 각 호의 대리인

Q. 회사로부터 보호받을 수 있는 '정당한 제보'는 구체적으로 어떤 것인가요?

A. 타인의 명예를 훼손하거나 사적 이익을 도모하기 위해 제보를 하는 경우는 관련 규정에 따라 처벌하고 있어요. 만약 회사와 거래관계를 맺고 있는 협력사라면 계약해지도 가능해요. 회사로부터 보호를 받을 수 있는 '정당한 제보'는 다음의 기준을 충족해야 해요.

- 제보의 동기가 회사를 위한 순수한 목적일 것
- 제보 대상은 불법적, 비윤리적, 부당한 활동에 관한 것으로 회사에 미치는 영향이 클 것
- 적절하고 정확한 정보를 제시할 수 있는 제보 내용일 것
- 적법하고 합리적인 제보 방법일 것(회사 내 비밀문서를 무단복제하거나 내부의 교정 가능성에도 불구하고 외부로 폭로하는 경우는 회사의 보호대상에서 제외될 수 있음)

Q. 제보에 대한 처리는 어떻게 진행되나요?

A. 제보가 접수되면 기업윤리 담당 팀은 제보내용을 근거로 조사를 실시해요. 그리고 조사결과에 근거하여 빠른 시일 내에 필요한 조치를 취하고, 이후 조사결과 및 조치 사항을 제보자에게 통보하고 있어요. 참고로 금품수수 및 과도한 향응, 접대수수 등 윤리규범에 현저히 위배되는 사항에 대해서는 회사의 규정에 따라 적절한 조치를 취하고, 경미한 사항에 대해서는 당사자에게 통보하여 잘못을 바로잡을 수 있도록 주의·조치를 취한다는 것을 알아두세요.

Q. 익명으로도 제보가 가능한가요?

A. 제보자에 대하여 비밀보장과 신분보장을 원칙으로 하고 있기 때문에 익명으로 제보할 필요가 없어요. 반드시 실명으로 육하 원칙에 따라 그 내용을 구체적으로 제보해주세요.

Q. 제보 후 제보자의 신분이 노출되었을 경우에는 어떻게 하나요?

A. 제보처리 담당자는 제보처리 과정에서 제보자의 신원과 제보 내용이 공개되지 않도록 최대한의 비밀유지를 하고

있어요. 만약 제보자의 신분이 노출되면 제보자가 불이익을 받지 않도록 아래와 같은 규정을 마련하고 있으니 안심하고 제보하세요.

① 신고자 누설 금지

직무상 또는 우연히 신고자의 신분을 인지한 사람은 그 누구든 신고자의 신분을 누설하거나 암시하는 행위를 해서는 안 된다.

② 신고자 추적 행위 금지

피신고자 또는 피신고자 소속 부서 및 기타 관련 부서에서 기업윤리 담당팀에 신고자의 신분에 대한 문의나 신고자를 알아내기 위한 탐문활동 등 신분노출이 가능한 모든 행위를 금지한다.

③ 신고자에 대한 불이익 금지 및 신분 노출자 보직 관리

신고자에 대한 인사상의 불이익 행위 일체를 금지하며, 불이익 예상시 보직변경 등의 인사 조치를 취한다.

④ 신분보호 의무 위반 시 인사관리규정에 의거 처벌

구성원의 내부신고는 우리의 가치를 지키고 회사를 더 큰 위험에서 구해 준 소중한 자산이다. 이러한 사실을 처리함에 있어서 신고자에게 신분상의 불이익이 가지 않도록 철저히 비밀을 보장한다.

또한, 각 회사는 제보자가 안심하고 신고할 수 있도록 완벽하게 제보자의 신원과 제보 내용에 대해 보호장치를 두고 있어요. 홈페이지를 통한 인터넷 제보는 보안장치를 통해 보호되고 있으며, 그 정보를 다루는 각 관리 담당자에게는 제보 사실을 노출시키면 해고에 준하는 처벌을 각오한다는 서약서를 받고 있으니 안심해도 괜찮습니다. 만일 의도치 않게 제보 사실이 노출되어 불이익을 받을 경우에는 원상회복이나 이에 준하는 보상을 하고 있으니 염려하지 마세요.

기업사례

글로벌 기업의 내부신고 제도

• 지멘스

독일의 글로벌 기업 지멘스는 내부고발을 위해 언제든 어떤 언어로든 신고가 가능한 핫라인 '텔어스(Tell Us)'를 구축했다. 지난해 모두 1,700여 건이 신고됐고, 그중 266건에 대해 징계조치가 내려졌다. 또 직원들과 외부인이 익명으로 비밀리에 부적절한 행동을 신고할 수 있게 외부 법률회사 소속 변호사를 독립적인 옴부즈맨으로 위촉해 활동하게 하고 있다.

• 미쯔이스미토모은행

일본의 글로벌 기업 미쯔이스미토모은행은 본사는 물론 해외지사 전 직원에게 Help-Line카드를 지급한다. Help-Line카드에는 비윤리적 행위 신고절차 및 변호사 연락처 등이 적혀있다. 사내 및 사외에서 발생하는 모든 비윤리적 사항에 대해 언제든지 신고할 수 있게 하고, 윤리적인 문화를 조성하기 위해서이다.

Q. 외부 이해관계자도 제보 시 신분보호를 받나요?

A. 물론이에요. 외부 이해관계자의 경우 회사 홈페이지, 이메일, 유선 및 팩스로 제보할 수 있으며, 이때 제보자의 신분 및 비밀은 철저하게 보장되니 안심하고 제보하세요.

Q. 제보로 인해 불이익을 받는다면 어떻게 하지요?

A. 제보자는 어떠한 경우에도 불이익을 받지 않아야 해요. 그러나 본의 아니게 제보자에게 불이익이 발생했다면, 제보자는 기업윤리 담당 팀에 그에 대한 시정을 공식적으로 요청할 수 있어요.

Q. 내부신고 제도를 의무화하고 있지만 신고를 할 경우 상사나 동료와의 갈등이 우려돼요. 대책이 있나요?

A. 회사는 제보자가 상사, 동료와의 갈등이 생기지 않도록 제보자의 신원을 철저히 보호하고 있어요. 불가피하게 제보자의 신분이 노출되는 경우에는 어떠한 불이익도 받지 않도록 본인의 희망을 고려하여 필요한 조치를 취할 것이에요. 업무처리 과정에서 발생한 부정한 사안은 더 큰 문제로 발전하기 전에 신고를 통해 신속하게 해결하는 것이 상사와 동료를 위해서도 바람직하다는 것을 염두에 두세요.

Q. 저는 아무런 잘못도 없는데 누군가 나를 모함할 목적으로 허위신고하면 어떻게 되나요?

A. 회사는 신고 내용을 비밀로 하여 철저하게 조사를 진행하고 있어요. 그 과정에서 신고 내용이 허위임이 확인되고 신고자가 허위 사실을 알면서도 고의로 신고했다면 그에 상응하는 조치를 취하고 있어요. 경미한 사안이라면 '주의 촉구' 조치를 취하고, 중대한 사안이라면 기업윤리 담당 팀의 심의 후 인사 조치가 취해지니 내부신고로 인해 부당한 일을 당할지도 모른다는 걱정은 하지 마세요.

Q. 직속상관의 금품수수 사실을 알았는데, 추후 불이익이 있을 것 같아 용기가 안 나요. 꼭 신고해야 하나요?

A. 회사는 규범에 의거해 내부고발자의 신분을 철저히 비밀에 부치고 있기 때문에 후에 불이익을 받을 것은 걱정하지 않아도 돼요. 더불어 직속상관의 금품수수가 많든 적든 신고해야 해요. 금품수수 규모가 미미하다고 해도 한 번 비윤리 행위를 하면 불공정거래와 비윤리 행위가 계속될 수 있다는 것을 염두에 두고 반드시 신고하도록 하세요. 이는 금품을 받은 본인이나 회사 모두를 위해 도움이 되는 일이에요.

기 타

Q. 부서의 하위직급자가 비윤리 행위를 저질렀어요. 부서장인 저에게도 영향이 있을까요?

A. 타인의 비윤리 행위 때문에 다른 사람까지 피해를 입는 매우 안타까운 사례예요. 안타깝지만 하위직급자가 비윤리 행위로 정직 이상의 처벌을 받는다면 비록 상위직급자가 공모하지 않았더라도 사안에 따라 징계를 받을 수 있어요. 따라서 부서장은 항상 적절한 윤리교육을 통해 부서원을 계도해야 해요.

Q. 과거에 저지른 비윤리 행위에 대해 양심의 가책을 느끼고 있어요. 자발적으로 신고하더라도 징계처분을 받나요?

A. 제보하는 것이 좋아요. 과거에 비윤리적 행위를 하였거나, 비윤리적인 일에 직간접적으로 가담하여 이득을 얻었다 해도 본인이 그 사실을 뉘우치고 그 사실을 제보한다면 타인에 의해 밝혀지는 것보다 처벌이나 징계가 감면될 수 있어요. 또한 업무과정에 있어 발생한 각종 사안에 대해 스스로 실패라고 인정하고 기업윤리 담당팀과 상의하면 면책 또는 징계처분상의 감면을 받을 수 있어요.

4. 이해관계자에 대한 기업윤리

OX 셀프 진단

	O	X
1. 공무원의 경우 원칙적으로는 금액에 관계없이 직무관련자에게 선물을 받아서는 안 된다.		
2. 금품 전달 없이 청탁만 한다면 기업윤리에 위배되지 않는다.		
3. 회사에 불리한 내용은 주주에게 굳이 밝히지 않아도 된다.		
4. 협력사에 물량 제공 후 뒤늦게 결함을 발견했을 시 추후 문제가 발생했을 때 상부에 보고를 해도 늦지 않다.		
5. 광고에 약간 과장된 허위정보를 싣는 것은 매출을 촉진하므로 괜찮다.		

정답 1.O 2.X 3.X 4.X 5.X

Q. **담당 구청 공무원에게 추석인사로 2만 8,000원어치의 떡을 선물했는데, 약소한 선물이니까 괜찮겠지요?**

A. 공무원은 직무관련자로부터 금액에 관계없이 선물을 받아서는 안되는 것이 원칙이지만, 통상적인 관례의 범위에서 제공되는 음식물 또는 편의(공무원 행동강령 제14조 제1항 2호)는 법적으로 허용하고 있어요. 다만 약소한 선물이라도 뇌물이라는 오해를 불러일으킬 수 있으니, 전화나 이메일로 마음만 표현하도록 하세요.

Q. **시설보수업체를 운영 중입니다. 고향 선배이자 평소 친분이 있던 중앙부처 모 국장을 통해 청사 보수 담당 과장에게 잘 이야기해 달라며 부탁을 했는데, 특별히 뇌물을 주지는 않았으니 문제되지 않겠죠?**

A. 당연히 윤리규범에 위배됩니다. 대가 수수에 관계없이 공정한 직무수행을 해치는 알선청탁 자체는 행동강령 위반(공무원 행동강령 제11조 위반)에 해당되니 금품 전달이 없더라도 이러한 행동은 삼가주세요.

Q. **개업식날 오랜 친구이던 중앙부처 과장이 기관명칭·직위가 기재된 축하화환을 보냈는데, 받아도 될까요?**

A. 공무원이 사적 이익을 위해 직위를 공표하거나 게시하는 것은 공무원 행동강령에 의해 금지(공무원 행동강령 제10조 위반)되고 있어요. 이 사실이 제보될 경우 친구 분께 불이익이 갈 수도 있으니 내용을 설명하고 즉시 돌려주도록 하세요.

TIP 공무원 행동강령

(생략)

제10조(이권 개입 등의 금지) 공무원은 자신의 직위를 직접 이용하여 부당한 이익을 얻거나 타인이 부당한 이익을 얻도록 해서는 아니 된다.

제10조의 2(직위의 사적 이용 금지) 공무원은 직무의 범위를 벗어나 사적 이익을 위하여 소속 기관의 명칭이나 직위를 공표·게시하는 등의 방법으로 이용하거나 이용하게 해서는 아니 된다.

제11조(알선 · 청탁 등의 금지) ① 공무원은 자기 또는 타인의 부당한 이익을 위하여 다른 공무원의 공정한 직무수행을 해치는 알선·청탁 등을 해서는 아니 된다.

② 공무원은 직무수행과 관련하여 자기 또는 타인의 부당한 이익을 위하여 직무관련자를 다른 직무관련자, 「부패방지 및 국민권익위원회의 설치와 운영에 관한 법률」 제2조 제3호에 따라 공직자에게 소개해서는 아니 된다.

(생략)

제14조(금품 등을 받는 행위의 제한) ① 공무원은 직무관련자로부터 금전, 부동산, 선물 또는 향응(이하 "금품 등"이라 한다)을 받아서는 아니 된다. 다만, 다음 각 호의 어느 하나에 해당하는 경우에는 그러하지 아니하다.

1. 채무의 이행 등 정당한 권원에 의하여 제공되는 금품 등
2. 통상적인 관례의 범위에서 제공되는 음식물 또는 편의
3. 직무와 관련된 공식적인 행사에서 주최자가 참석자에게 일률적으로 제공하는 교통 · 숙박 또는 음식물
4. 불특정 다수인에게 배포하기 위한 기념품 또는 홍보용 물품
5. 질병·재난 등으로 어려운 처지에 있는 공무원을 돕기 위하여 공개적으로 제공되는 금품 등

6. 그 밖에 원활한 직무수행 등을 위하여 중앙행정기관의 장 등이 허용하는 범위에서 제공되는 금품 등

② 공무원은 직무관련 공무원으로부터 금품 등을 받아서는 아니 된다. 다만, 다음 각 호의 어느 하나에 해당하는 경우에는 그러하지 아니하다.

1. 제1항 각 호의 어느 하나에 해당하는 경우
2. 통상적인 관례의 범위에서 제공되는 소액의 선물
3. 직원상조회 등에서 공개적으로 제공되는 금품 등
4. 상급자가 하급자에게 위로, 격려, 포상 등 사기를 높일 목적으로 제공하는 금품 등

③ 공무원은 직무관련자였던 자나 직무관련 공무원이었던 자로부터 당시의 직무와 관련하여 금품 등을 받아서는 아니 된다. 다만, 제1항 각 호와 제2항 각 호의 어느 하나에 해당하는 경우는 제외한다.

④ 공무원은 배우자나 직계 존속·비속이 제1항부터 제3항까지의 규정에 따라 수령이 금지되는 금품 등을 받지 아니하도록 하여야 한다.

주주 및 투자자에 대한 기업윤리

Q. 주주에 대한 기본적인 책임은 무엇인가요?

A. 회사를 믿고 투자를 한 주주들을 위하여 경제적이고 합리적인 투자와 효율적인 경영을 통하여 적정한 이윤을 지속적으로 창출하며, 투자자에 대한 적정한 수익을 보장할 수 있도록 최선을 다해야 해요. 또한 회사의 주요 경영사항에 대하여는 공시를 통하여 적시에 주주에게 알리고 적극적인 홍보, IR 등을 통해 기업가치가 합당한 평가를 받도록 해야겠지요.

Q. 주주의 권리는 어떻게 존중되어야 하나요?

A. 소액주주 및 외국인 주주를 포함한 모든 주주의 권리를 동등하게 존중하고 주주의 정당한 요구를 적극적으로 수용하여 경영에 반영하도록 노력해야 해요. 또한 항상 전체 주주의 이익을 고려한 의사결정으로 소액주주의 이익이나 권리가 침해되지 않도록 주의해야 해요.

Q. 우리 회사에 불리한 내용일지라도 주주에게 투명하게 정보를 공개해야 하나요?

A. 투명하고 합리적인 의사결정 과정과 절차를 준수하여 주주 및 투자자로부터 신뢰를 확보해야 해요. 공인된 기업회계기준에 따라 신뢰성 있는 회계처리를 하고, 이를 정기적으로 점검 및 공개해야 해요. 요즘에는 글로벌 기업을 포함한 많은 기업들이 지속가능 보고서를 매년 발간하여, 재무적 정보 외에 비재무적 정보도 투명하게 공개하고 있어요. 2009년부터는 기업의 주요 재무 정보와 비재무 정보를 통합하는 '원 리포트'가 주목을 받고 있으니 참고하시면 좋을 것 같네요.

TIP 기업 보고서의 새로운 트렌드, '원 리포트'

원 리포트는 기업의 연차 보고서에서 볼 수 있는 재무 정보에 기업의 사회적 책임 또는 지속가능경영 보고서 상의 비재무 정보를 결합하여 발간하는 한 권의 보고서를 말한다. 원 리포트가 시급히 필요한 이유는 그것이 회사와 수많은 이해관계자들 모두에게 재무와 비재무적 성과

사이에 어떠한 관계가 존재하는지, 그리고 주주가 얻는 재무성과가 다른 이해관계자들에게 외부 효과로 부과되지 않는지에 대해 더욱 명백하게 밝혀주기 때문이다. 그 결과는 기업의 성과와 그것이 어떻게 달성되는지–사회적 비용과 혜택을 포함하여–에 대한 투명성이 더욱 진전된다는 것이다.

–로버트 에클스 · 마이클 크르저스, 《원리포트, 지속가능경영을 위한 단 하나의 보고서》 中

고객에 대한 기업윤리

Q. 제품개발이 다 끝난 상태에서 제품에 하자가 있다는 것을 알았는데, 어떻게 하지요?

A. 고객에게는 최고 품질의 제품을 공급해야 해요. 이는 고객과의 기본적인 약속이지요. 하자가 있는 제품을 판매하는 것은 고객과의 약속을 지키지 않는 비양심적인 행동일 뿐만 아니라, 중대한 윤리규범 위반행위예요. 단기적인 이익을 위해 제품의 하자를 숨기는 행위는 절대로 해서는 안 돼요.

Q. 고객사에 물량을 제공한 후 생산과정에서의 결함이 뒤늦게 발견되었어요. 고객사는 아직 이 사실을 모르고 현재까지 문제가 없으니, 추후 이상이 발생했을 때 보고하면 되겠지요?

A. 고객이 문제제기를 하지 않았다고 해서 결함을 알고도 그냥 두면 중대한 사태가 발생할 수 있어요. 생산과정에서

제품의 품질에 영향을 줄 수 있는 문제가 발견되었다면 지휘 계통에 따라 상급자에게 보고하고, 납품된 물량을 전량 회수하여 안전성 검사를 실시하도록 하세요.

Q. **신상품 시장의 경쟁이 너무 치열해요. 매출신장을 위해 조금만 과장해서 광고하려는데, 괜찮나요?**

A. 고객에게는 언제나 진실한 정보를 전해야 해요. 허위사실을 유포하거나 허위정보를 제공해서는 안 돼요. 매출신장을 위해 과장된 허위정보를 고객에게 제공하는 것은 윤리규범에 위반되는 행위인 동시에 고객의 신뢰를 저버리는 행동이므로 절대 하지 마세요.

기 타

Q. **임직원 가이드라인에 언급되지 않은 기타 사항에 대해서는 어떻게 대응해야 하나요?**

A. 아래와 같은 자기 질문을 통해 스스로 윤리적인 판단 및 행동을 하고, 판단이 어려울 때는 회사(인사팀, 감사팀, 기업윤리 담당 팀)에 문의하여 결정하세요.

- 나의 행동이 나 자신에게 떳떳한가?
  동료 및 가족에게도 나의 행동을 자신있게 말할 수 있는가?

Q. **고객의 위탁계좌를 관리하던 중 고객이 매매손실 등에 대해 이의를 제기했어요. 어떻게 해야 하나요?**

A. 위법매매, 고객 또는 직원의 과실 여부 등을 떠나 일단 고객이 이의를 제기하면 즉시 매매 거래를 중단한 후 해결 방안을 모색해야 해요. 직원이 각서 등을 제공하고 해결 기한을 연장하는 등의 방법을 사용하면 오히려 사태가 악화될 수 있으니 주의하세요. 분쟁이 발생했을 때는 여러 가지 사항을 종합적으로 고려해야 하기 때문에 회사의 법무실 민원 담당자에게 고객의 이의 제기 내용을 유선 또는 방문하여 상담한 후 처리하는 것이 가장 바람직해요. 만일 직원의 과실이 명백하여 손실을 보전한 경우라 해도 회사의 기업윤리 담당 팀에 보고하도록 하세요.

Q. **고객에게 투자를 권유할 때는 그 내용의 합리적 근거를 의무적으로 확보해야 하나요?**

A. 투자를 권유할 때는 반드시 그 내용의 합리적 근거를 확보해야 해요. 이는 기관투자자나 일반 고객 모두에게 적용되는 의무예요. 합리적 근거를 확보하지 않은 투자 권유의 예를 들자면, 사실적 자료에 바탕을 두지 않은 권유, 확인되지 않은 루머를 근거로 한 권유, 막연한 기대나 육감에 의한 권유, 매매 권유의 논거를 형성하는 분석 과정이

나 추론 과정이 지나치게 비합리적인 경우, 시세 조종의 대상이나 내부자 정보가 있다는 이유로 권유하는 경우 등이 있어요. 반면, 정부, 중앙은행, 공공기관, 신뢰할 만한 연구소 등 믿을 만한 기관이 발표한 자료나 공시자료 등에 근거하여 이성적인 추론 과정을 거쳐 매매를 권유하는 경우나 증권회사에서 공표한 조사 분석 자료 등에 근거하여 권유했다면 권유 내용에 합리성이 있다고 볼 수 있어요.

Q. 과당매매 권유를 판단하는 통일적 기준이 있나요?

A. 과당매매 거래의 권유는 증권회사와 고객 사이에 이해 상충을 유발하는 직접적 원인이 돼요. 따라서 고객의 이익을 보호하고 고객의 투자 목적에 적합한 권유를 하기 위해 과당매매 거래를 권유하는 행위를 금지하고 있어요. 과당매매 권유를 판단하는 기준은 고객이 부담하는 수수료, 고객의 재산 상태나 투자 목적, 고객의 투자 지식이나 경험에 비추어 당해 고객이 주식 매매 거래에 수반되는 위험을 잘 이해하고 있는지 여부와 개별 매매거래 권유내용의 타당성 등을 종합적으로 고려하여 판단하여야 해요. 하지만 고객의 투자 목적이나 재무 상태 등이 모두 다르므로 어느 정도의 거래가 과당매매 거래에 해당하는지에 대한 통일적인 기준을 제시하는 것은 현실적으로 불가능해요. 참고로 금융감독원에서는 월평균 위탁자산 대비 수

수료 비율이 2~8%일 경우 대상 계좌 중 일정비율에 대한 샘플링 조사를 하고, 수수료 비율이 8% 이상일 경우 100% 점검하도록 권고(2001. 7)한 바 있으니 참고하세요.

Q. 고객 간의 수수료 차별은 가능한가요?

A. 고객 간의 부당한 수수료 차별은 금지되어 있지만, 영업상 합리적이거나 정당한 사유가 있을 때는 예외적으로 가능해요. 수수료의 산정 기준을 감안하여 다르게 산정하는 경우, 증권업을 영위하는 다른 증권회사에 대하여 일반 고객보다 유리한 수수료를 산정하는 경우, 손익전가의 목적이 없는 업무 제휴 관계에 있는 자에 대한 유리한 조건의 수수료를 적용하는 경우 등은 합리적인 차별로 인정하고 있어요. 또한 일반적으로 증권회사는 일반 고객과 법인에 대해 수수료를 다르게 산정하여 적용하고 있는데, 이는 수수료 산정 기준을 감안한 정당한 차별로 인정하고 있어요. 그러나 동일한 수수료가 적용되는 일반 고객에 대하여 고객에게 선택권을 부여하지 않고 증권회사가 일방적으로 일부 고객에게는 투자권유 서비스 제공의사를 밝히고, 일부 고객에 대해서는 투자권유 서비스를 제공하지 아니하겠다는 의사를 표시하는 것은 고객 간의 부당한 수수료 차별 행위이므로 해서는 안 돼요. 다만, 고객에게 선택권을 부여하고, 투자권유 서비스를 신청한 고객에게

만 제공, 동일한 수수료를 징수하는 것은 수수료의 부당한 차별 행위에 해당되지 않으니 알아두세요.

Q. 증권거래법상의 '제한적 일임매매'와 '포괄적 일임매매'의 차이점은 무엇인가요?

A. 일임매매에는 고객이 유가증권의 종류, 종목 및 매매의 구분과 방법을 모두 증권회사 직원에게 일임하는 '포괄적 일임매매'와 일부 요소에 대해서만 일임하는 '제한적 일임매매'가 있어요. 증권거래법 제107조를 보면 제한적 의미의 일임매매만을 인정하고 있는데, 즉 '유가증권의 수량, 가격 및 매매의 시기'는 고객이 증권회사에게 위임할 수 있지만, 그 '유가증권의 종류, 종목 및 매매의 구분과 방법'에 대해서는 반드시 고객이 결정하도록 요구하고 있어요. 그리고 증권회사가 일임매매를 하고자 하는 경우에는 '사전에' 고객과 '서면'에 의한 계약을 체결하고, 일임매매의 계약기간은 '1년' 이내로 하여야 하며, 일임 종목수도 '10종목'을 넘지 못하도록 규제하고 있어요. 이처럼 거래법이 포괄적 일임매매를 금지하고, 제한적 일임매매의 경우에도 여러 가지 제한을 두는 이유는 일임매매가 근본적으로 증권회사의 직원이 고객의 이익에 반하여 행동할 개연성이 크다는 사실의 인식을 반영하고 있기 때문이에요.

Q. 인센티브 리턴행위는 부정 행위로 금지되고 있는데, 주요 위반 사례는 무엇이 있나요?

A. 인센티브 리턴행위의 예로는 다음과 같은 사항을 들 수 있어요.

- 영업직원이 지점장 발령을 받으면서 자신이 관리하던 고객을 부하직원의 관리계좌로 등록한 후에 인센티브를 돌려받는 행위
- 영업직원이 자신의 관리계좌를 상대적으로 투자상담 보수율이 높은 투자상담사 계좌로 등록하여 인센티브를 돌려받거나 고객에게 돌려주는 행위
- 지점 차원에서 유치한 고객을 특정 영업직원에게 관리자 등록을 시켜놓은 후 인센티브를 수령하여 접대비로 사용하는 경우
- 고객 섭외 시 실적 기여도에 따라 직원 인센티브에서 일정비율 또는 금액을 지급하기로 하고 유치하여 매매하게 하는 행위

Q. 자산관리자 1인에 대하여 1회당 20만 원을 초과하는 편익 제공은 할 수 없다고 하는데, 초과한 경우는 어떻게 하나요?

A. 준법감시 담당자는 동일 자산관리자 1인(자산관리자 본인 및 그의 배우자와 직계존비속을 포함한 자)에 대한 1회당 편익제공의 경제적 가치가 20만 원 이하인 경우는 사전에 부점장에게 보고하면 돼요. 만약 20만 원 초과가 예상된다면 사전에 준법감시인의 승인을 받으면 제공이 가능해요. 다만 부득

이한 사유로 사전 제출이 곤란하다면 사후 보고로 대체하도록 하세요. 또한 증권회사의 회계연도 기간 중 동일 자산관리자에게 제공된 편익의 경제적 가치가 200만 원을 초과하는 경우에는 사전에 해당 기관장에게 통보하거나 대표이사에게 승인을 받지 않고는 사용할 수 없어요. 1인당 편익제공 금액은 1회당 총계금액을 직원 포함 참석인원 수로 나누어 계산한 금액임을 참고하세요.

참고문헌

주요기업 자료집 및 윤리경영 홈페이지

- 삼성물산, 공정거래 자율준수 핸드북
- 삼성정밀화학, 사이버감사팀 임직원가이드 라인 FAQ
(http://sfc.samsung.co.kr:7001/standard/index_standard.asp)
- 현대건설, 구매본부 실천강령
(http://audit.hdec.kr)
- 현대모비스, 윤리규범 해설집
(http://cp.mobis.co.kr/ebook/ebook.htm)
- 현대모비스, 공정거래 자율준수편람
(http://cp.mobis.co.kr/ebook2/EBook.htm)
- 현대미포조선, 윤리규범
(http://ethics.hmd.co.kr)
- 현대삼호중공업, 윤리규범
(http://ethics.hshi.co.kr)
- 현대상선, 윤리경영 Q&A
(http://www.hmm21.com/otherSites/ethics/opening/qna_04.jsp)
- 현대엘리베이터, 윤리규범 핸드북
(http://www.hyundaielevator.co.kr/data/company4_9.pdf)
- 현대오일뱅크, 윤리규범
(http://ethics.oilbank.co.kr)
- 현대자동차, 임직원 윤리행동지침(e-book)
(http://audit.hyundai.com)
- 현대종합상사, 윤리규범
(http://ethics.hyundaicorp.co.kr)
- 현대중공업, 윤리규범
(http://ethics.hhi.co.kr)
- 현대증권, 윤리경영 Q&A
(http://www.youfirst.co.kr)
- 현대하이스코, 윤리경영사례
(http://support.hysco.com/ethic)
- SK E&S, 윤리경영 FAQ
(http://www.skens.com/sk/sub_page.jsp?menu_id=1076&topCmsCd=CM01)

- SK네트웍스, 윤리경영 FAQ
  (http://www.sknetworks.co.kr/skCompany/csrEthicsFaq.jsp?codeNum=2)
- SK에너지·SK이노베이션, 윤리규범 FAQ
  (http://ethics.skinnovation.com)
- SK케미칼, 윤리경영 FAQ
  (http://www.skchemicals.com/kr/newslist.asp)
- SK하이닉스, 윤리경영실천가이드북
  (http://ethics.skhynix.com/home/moral/moral05.jsp)
- SK가스, 윤리경영 자주하는 질문
  (http://www.skgas.co.kr/company/moral/faq/faq01.asp)
- SK커뮤니케이션즈, 윤리경영 가이드
  (http://ethics.skcomms.co.kr/Ethics/EthicsServlet)
- LG그룹, 정도경영 홈페이지
  (http://ethics.lg.co.kr)
- LG디스플레이, 정도경영 FAQ
  (http://www.lgdisplay.com/lgdhp/app/sustainability/center.dev)
- LG상사, 정도경영 FAQ
  (http://www.lgicorp.com/jsp/kor/about/principle/pop_type01.jsp?popNum=0)
- LG화학, 정도경영 FAQ
  (http://www.lgchem.co.kr)
- 롯데건설, 윤리경영 FAQ
  (http://ethics.lottecon.co.kr/Cyber_Appeal/FAQ)
- 롯데손해보험, 윤리경영 Q&A
  (http://www.lotteins.co.kr/index2.jsp)
- GS건설, 아름이와 함께하는 윤리경영 이야기
  (http://www.gsconst.co.kr/ebook/GS_han/EBook.htm)
- GS칼텍스, 윤리경영 FAQ
  (http://ethics.gscaltex.com/advice/faq.aspx)
- GS칼텍스, 윤리경영 가이드북
  (http://ethics.gscaltex.com/GOO_LOA/ethics/ManagementGuide_ebook/flyingbook.html)

참고문헌

주요기업 자료집 및 윤리경영 홈페이지

- GS칼텍스, 윤리경영 사례집
(http://ethics.gscaltex.com/GSC_LCA/ethics/GS_200804/VIEW.HTM)
- 코오롱, 윤리경영
(http://ethics.kolon.com/sub_view.asp?fp_name=info05)

기타 참고자료

- 대한상공회의소, 윤리경영 100문 100답
- 롤스로이스, 글로벌 기업 윤리 규정
- 국민권익위원회, 공직자 행동강령의 이해
- KOTRA, 윤리경영 실천매뉴얼